ARTURO GONZÁLEZ-CAMPOS

ENHORABUENA POR TU FRACASO

Una artubiografía
de las cosas

Papel certificado por el Forest Stewardship Council®

Primera edición: junio de 2022

© 2022, Arturo González-Campos
© 2022, Penguin Random House Grupo Editorial, S. A. U.
Travessera de Gràcia 47-49. 08021 Barcelona
© 2022, Jordi Barenys Haya, por el mapa
Diseño de la cubierta y del interior: Penguin Random House Grupo Editorial / Anna Puig
Ilustraciones de la cubierta: Arturo González-Campos

Printed in Spain – Impreso en España

ISBN: 978-84-18051-19-7
Depósito legal: B-7.541-2022

Compuesto en M. I. Maquetación, S. L.

Impreso en Gómez Aparicio, S. L.
Casarrubuelos (Madrid)

PB 5 1 1 9 7

—Es cáncer, don Arturo…

Mi padre no era de los que pedían que lo acompañasen al médico. Por eso, cuando ese día me dijo: «Ven conmigo porque creo que va a ser jodido», sabía que iba a serlo. La cara del médico no daba esperanzas, aunque sus palabras trataban de hacerlo.

—Vamos a empezar mañana mismo con la quimio. Va a ser duro, pero vamos a pelearlo.

Mi padre salió de la consulta, me dio un abrazo y se metió en el baño. Volvió con una sonrisa y los ojos enrojecidos.

En cuanto llegamos a su casa, empezó a organizar su muerte. A la mañana siguiente, me dijo:

—Si pasa algo, mira en la carpeta azul.

Mi padre era cansino, como buen padre, y sabía que su hijo tenía en la cabeza un panal de abejas locas. Por eso, durante los dos años previos a su muerte, creo que no hubo un solo día en el que no me recordase que, si se moría, había que mirar en la puta carpeta azul.

Luego, vinieron días duros. Quien lo ha vivido sabe a lo que me refiero: sesiones, esperanzas que luego se desinflan, carreras al hospital y un tótem de tu infancia que se va convirtiendo, en cada escalón de bajada, en un bebé del que cuidar.

Fueron días de pasar horas en un sofá incómodo. Uno de esos que fabrican sólo para habitaciones de hospital, estaciones de autobuses y apartamentos de playa. Uno imagina al fabricante diciendo:

—Este sofá me ha quedado demasiado cómodo para ser de acompañante de hospital, creo que le insertaré una barra de hierro justo donde se dobla la espalda porque si no, no me lo van a querer comprar.

Fueron días de hablar mucho, de sincerarnos. Uno ya no sabe si por la emoción, por la despedida o por el aburrimiento y la falta de temas. Pude decirle a mi padre que, con su manera de llevar las cosas, me estaba dando la lección de mi vida y eso estuvo muy bien. Él me contestó que la lección que esperaba haberme dado era: «No tengas hijos idiotas». Y eso estuvo mejor.

Fueron, claro, días de risas. De acompañar a mi padre en la ambulancia de madrugada mientras él preguntaba a los enfermeros si podían parar a comprar churros. «A esta hora están calentitos, vamos a aprovechar el drama».

Uno de nuestros *running gags* favoritos fueron los dientes. Mi padre tenía un puente de esos en que te desmontan la boca y te la dejan como la del Pato Lucas vestido de Robin Hood después de chocar con siete árboles seguidos.

A mí me daba muchísimo asco sacarle los dientes después de comer para limpiárselos y él, lleno de amor paterno, se descojonaba en mi cara de la expresión que ponía. Tenía a su favor el argumento definitivo.

—¡Ay, papá, que me da mucho asco!

—De pequeño siempre me meabas en la cara al cambiarte el pañal, llevo años con ese rencor guardado esperando este momento. ¡Lávame los dientes!

Cada vez estaba menos días en casa, cada vez más noches yo me acordaba del fabricante de sofás hasta que un día, en un momento de lucidez entre morfina y mierdas paliativas, se despidió de su hija y de mí.

—Pelead por ser felices, porque es lo único que hay… Y, Arturo, acuérdate de mirar en la carpeta azul.

—¡Que sí, papá, *pesao*!

Murió sólo unas horas después. Hicimos lo posible para que lo último que viera fuese la cara de su hijo sonriéndole. Espero que no escuchase cómo nos crujía el alma por dentro. Lloramos un rato en la habitación y, cuando salí a buscar a un enfermero, había un señor esperando en la puerta.

—Soy de Funerarias La Marchita, vengo a asegurarles el confort de su padre en su paso al más allá.

«Ya podrías ser de Sofás El Desgarro y haber venido hace meses, cabrón».

Organizamos las cosas del ataúd, el tanatorio, la cremación…, movidas que te apetece hacer con alguien querido recién muerto, como decidir qué temazo quieres que canten en su funeral, a elegir entre la «Salve rociera» o el «Ave María», de Schubert. Mi sugerencia de que se ensayaran el «Saca el güisqui, Cheli», de Desmadre 75, fue tomada como una broma debida a los nervios, pero era seria y coherente en respuesta a cuál era la canción favorita de mi padre.

Otro tema que me sorprendió fue descubrir que, en el tanatorio, tenían una revista mensual llamada *Adiós*. Me pareció un chistazo de alguien que piensa que el muerto ya ha leído por última vez el *Hola*.

Cualquiera que haya perdido a un ser querido sabe cómo son esos días. Vas como Lebowski entre las piernas de las chicas de *La calle 42*, saludando a gente que se te acerca a darte su pésame con los ojos hacia arriba y la boca apretada. Yo les respondía con una sonrisa y, después, un chiste del tipo:

—Se ha muerto por hacer gasto, como ya no podía ir de compras…

Algunos se escandalizaban o pensaban que yo era bastante gilipollas por hacer chistes así con él recién fallecido, pero yo pensaba: «Este te habría gustado, papá».

Sólo cuando no había nadie porque todos habían salido a fumar en solidaridad con las finanzas del tanatorio, mi hermana y yo nos permitíamos llorar un poco como lloramos los tontos, recordando cosas graciosas del muerto.

—¿Te acuerdas de cuando estornudó subido en lo alto de una noria y se asustaron los perros del parque de abajo?

Y nos reíamos y nos sorbíamos los mocos a la vez.

Cuando por fin cantaron la «Salve rociera» y le metieron fuego, llegó el momento de ir a su casa a mirar en la carpeta azul.

Dentro estaban todos los papeles necesarios para organizar sus cosas (mi padre era bancario, se movía entre formularios justo de la manera contraria a como me muevo yo). Había, además, una carta suya en la que me explicaba con todo lujo de detalles dónde tenía que ir a que me sellaran qué papelajo. No me ofendió que pareciera explicado para idiotas, porque estaba escrito para que lo leyera un idiota. La carta acababa con unas palabras para sus hijos que me ahorraré y una posdata:

P.D.: En el último cajón de la cómoda de mi habitación os dejo mi último regalo, mi tesorita.

Mi hermana y yo nos miramos flipando. ¿De verdad mi padre guardaba un tesoro? Había sido coleccionista de monedas y de sellos, de esos que se van los domingos por la mañana a los puestecillos de numismática y filatelia del Rastro a pillar el tétanos entre tanto óxido. Yo empecé a fantasear con una moneda valiosísima, porque he visto *John Wick*, o con un sello precioso, porque he visto *Charada*.

Abrimos el cajón y vimos una cajita de esas de joyería, de las que lleva el que se arrodilla a pedir en matrimonio. Mi hermana y yo la sostuvimos en la mano y nos miramos llorando. El tesorito de mi padre.

—Lo abrimos a la vez.

Dentro un pañuelo de seda verde precioso envolvía algo. Pensé en si mi padre había leído a Cavafis. Luego me acordé de que se había llevado cinco veranos seguidos *El médico*, de Noah Gordon, para leerlo durante las vacaciones y cada vez lo había devuelto a la estantería en septiembre con el billete de metro que usaba de marcapáginas en el mismo sitio, así que lo descarté inmediatamente. Con cuidado, retiré el pañuelo y…

¡Eran sus dientes!

Mi padre nos había dejado sus dientes con una nota que decía:

Que disfrutéis de mi tesorita, os quiero mucha, hijos.

Un amigo, durante la escritura de este libro:

—Debe de ser una tremenda presión para ti hacer un libro cuando tus amigos son Juan Gómez-Jurado y Rodrigo Cortés; pero si va mal, siempre puedes volver a la comedia, donde tus amigos son Javier Cansado, Dani Rovira, Berto Romero...

Se trata de vivir por accidente,
se trata de exiliarse en las Batuecas,
se trata de nacerse de repente,
se trata de vendarse las muñecas.

Se trata de llorar en los desfiles,
se trata de agitar el esqueleto,
se trata de mearse en los fusiles,
se trata de ciscarse en lo concreto.

Se trata de indultar al asesino,
se trata de insultar a los parientes,
se trata de llamarle pan al vino.

Se trata de engañar a los creyentes,
se trata de colarse en el casino,
se trata de dormir bajo los puentes.

JOAQUÍN SABINA

7 LITROS DE GAZPACHO, UN SILENCIO TRIPLE, 3 CAJAS DE ALMAX, 7 KILOS DE CENIZA, 480 «VAMOSSS», 4 TRAICIONES, 3.000 DUCHAS, 23 SOPAS DE ARROZ CON ACEITUNAS, INFINITOS «ANYTHING GOES», 4 GORRAS PERDIDAS, 173 MASCARILLAS FFP2, 5 VIAJES A MURCIA, 3.000 LIBROS, 3.000 DISCOS, 3.000 CÓMICS, 1 PARTIDO DE FÚTBOL, 1.070 MEDIAS BARRITAS DE TOMATE, 180 GELOCATILES, MEDIA CAJA DE CONTROL FREE, 3 GATILLAZOS, 2 AMISTADES, 107 PASOS DE CLAQUÉ, DEMASIADOS PHOSKITOS MINI, UN BOTE DE FISIO-RELAX, 17 AMORES DE 20 SEGUNDOS, 17 FRACASOS AMOROSOS DE 10 SE-GUNDOS, 3 GOLPES EN EL MEÑIQUE DEL PIE DE MADRUGADA; 2 COCONUTS, 56 UESPIS, 27 PASEOS A CONOCER EL HIELO; 0 CARTAS DE AMOR DE ANTONINO, 1.536 LÁGRIMAS, 1.537 CARCAJADAS, 3 DIOPTRÍAS, 12 POKÉMON SHINY, 8 PARES DE CALCETINES DESPAREJADOS, 23 PESTAÑAS, 147 «LUEGO TE LLA-MO», 3.426 «NE ME QUITE PAS», 304 «CUANDO TODO DA LO MISMO POR QUÉ NO HACER ALPINISMO», 27 «TENEMOS QUE VOLVER A LA ISLA», 180 LI-TROS DE *SAMANTÉ*, 34 «HOLA, DELI», 75 «PERO, JUAN», 127 «TE QUIERO, ENANITO», 5 «HELP, I NEED SOMEBODY», 537 CORTADOS CON MUY POQUITA LECHE, 123 «SCARBOROUGH FAIRS», 2 «ESTO PARECE QUE NO HA QUEDADO MAL», 23 CUADERNOS, 180 NOTAS DE VOZ, 100 NOTAS DE VOZ QUE NO ENTIENDO, 43 DEMONIOS ACOSANDO, 0 DIOSES AYUDANDO, 1.000.000 DE EN-TRADAS DE CINE, 1.000 DE CONCIERTOS, 7 DE PARQUES ACUÁTICOS, 2 AMIGOS OBLIGÁNDOME A SALIR, 27 «¿CÓMO VAS?», 5 «¿CÓMO ESTÁS?»; 2 «¿HAS CENAO?», 1 HOJA ROJA, 2 INTENTOS MÁS DE QUE ME GUSTEN *LOS GOONIES*, 1 ÉXITO EN ESE TEMA CON *JUMANJI*, 11.000 VÍRGENES TRAS LA VENTANA, 100 COWBOYS, 20 PIRATAS, 7 SAMURÁIS, 120 «WIII», 12 DEL PATÍBULO, OTROS 100 COWBOYS PERO DE MEDIANOCHE, 37 BAZARES CHINOS, 43 MICROINFAR-TOS POR NO GUARDAR A TIEMPO, 123 EXCUSAS, 34 «DON'T STOP ME NOW», 3 «YOU JUST HIT THE JACKPOT», 20 «AUNQUE TÚ NO LO SEPAS», 106 «SEND IN THE CLOWNS», 100.800 PEQUEÑAS COSAS, 34 «THAT'S WHY GOD MADE THE MOVIES», 20 «THE WAY YOU LOOK TONIGHT», 70 BAÑOS DE GATO, 73 VÍ-DEOS DE GATITOS GRACIOSÍSIMOS, 357 JATÉS, 45 «PRETTY, PRETTY, PRETTY GOOD», 7 PILOT V BALL NEGROS, 730 DÍAS Y 500 NOCHES, 23 CORTES DE UÑAS DE MANOS, 2 CORTES DE UÑAS DE PIES, 100 NOTAS DE VOZ INAUDIBLES, 43 BOLSAS DE CHEETOS, 1 FUTURO VENTUROSO... ¡2 FUTUROS VENTUROSOS! Y 1.000.000 DE «MUCHAS GRACIAS POR TODO»...

Han sido necesarios para la elaboración de este libro.

Cuando mi abuela se quedó viuda, al tener a sus hijos ya criados y peleando con hipotecas y colegios, se sintió sola por primera vez en mucho tiempo.

Algunas tardes yo iba a verla y la descubría en su sofá lleno de paños de punto, rodeada de cajitas.

Eran de esas cajitas metálicas oxidadas de ColaCao que, cuando yo llegaba, ella cerraba y dejaba en la mesita para que echáramos la tarde hablando de cómo estaba el tiempo, de la cantidad de delincuencia que ella veía por la tele y de cómo se preparan unas manitas de cordero de esas que te dejan los labios pegajosos.

Cuando murió, fuimos a su casa a hacer esas cosas tan feas de: «Tú te quedas con esto, porque la tía Juli ha dicho que quiere esto otro». Mientras los hijos repartían las cuatro cosas, yo buscaba en las alacenas de madera oscura para averiguar, por fin, qué tenían esas cajitas.

No os vais a sorprender, no es una historia misteriosa. Aquellas cajitas tenían recuerdos. Fotos, muñecos, un reloj, unos pendientes... Cosas que sólo tenían significado para ella. Para mí eran cachivaches; para ella, su vida.

Aprendí de mi abuela que, en la vida, hay que ir llenando cajitas para cuando ya no haya amigos, fuerzas, amores...; para cuando ya no haya mucho más que recuerdos. Aprendí que habrá un momento hacia el final, cuando por delante ya no quede casi camino, en que te gustará rebobinar, hacer balance, revisar tus latas de ColaCao y pensar: «Ha merecido la pena».

Desde entonces, siempre que he vivido un momento importante, interesante, inolvidable, me he dicho para mis adentros: «Esto va a las cajitas».

Murcia, junio de 2020

¿Cómo he llegado hasta aquí? No digo a Murcia, ni digo al 2020. Digo que cómo he llegado a pretender que a alguien pueda interesarle leer un libro sobre cómo he llegado hasta aquí.

La culpa de todo la tiene mi editor, y en él quiero que recaiga, con toda la cobardía del condado te lo digo. Si, por lo que sea, te lees este libro y no quedas contento, el culpable es un puto loco chileno que un día me llamó. El tío, al parecer, había investigado sobre mí en internet y había escuchado el tipo de programas que suelo hacer, de lo que dedujo que sería interesante que contase el recorrido de las influencias que me habían llevado a ser el que soy hoy. Fue él quien, delante de unos huevos revueltos, con ojos dementes y con su camelante y motivador acento chileno, me convenció para escribir una autobiografía cultural haciendo que los huevos que se revolvieran fuesen los míos.

Debo decir, en descargo del editor chiflado, que su idea era brillante y comercial. Básicamente me pedía una especie de lista, uno de esos libros que tanto se venden del tipo: *Las 1.001 películas/libros/discos que debes conocer antes de morirte porque lo ha dicho Arturo*. Una autobiografía cultural.

Y eso es lo primero que no es este libro.

Pedirme algo así implicaba suponer que alguien ahí fuera realmente querría ser como este señor cincuentón patético con camisetas de muñecos y gorra, que caza Pokémon, se rodea de gente infinitamente más lista que él y mira vídeos de japoneses en tetas en internet.

Cualquiera que conociese mi obra literaria anterior (*cuñaos*, madres, sables láser…) habría renunciado a encargarme esto. Habría renunciado incluso a pretender llamarlo «obra literaria».

Pero el tipo es chileno, recién llegado a España, presa fácil, y se empeñó. Ahora mismo le visualizo leyendo este libro en el futuro y decidiendo que la próxima vez se informará mejor antes de pedir según qué cosas a según qué gente. Pero se siente, el libro está entregado y la editorial me lo ha pagado, haberlo pensado mejor antes.

En cuanto empecé supe que sería incapaz de escribir un libro de esos, entre otras cosas porque mucho de lo que conozco ha llegado a mí a través de caminos raros, largos y tortuosos.

Pero, alma de cántaro, ¿cómo voy a decirte qué cosas son o no imprescindibles si, al escribirlo, me he dado cuenta de que muchos de mis conocimientos son bastardos?

El prescriptor que firma este libro ha dicho con el pecho hinchado frases como: «Me encanta "La saeta", de Serrat».

Este supuesto influencer cultural, que lo sepáis, conoció «In The Mood», de Glenn Miller, en la versión que Los Pitufos sacaron en el primer disco con Padre Abraham.

El gran divulgador cultural que escribe estas líneas no supo hasta casi empezar a tener bigotillo que la letra original de la «Marcha nupcial», de Schubert, no era: «Ya se han *casao*, ya se han *casao*, ¡na nino ni nino, ya se han *casao*!».

El pavo ese al que sigues en Instagram porque pone cosas muy elevaditas no tenía ni idea de que «Jardín de rosas», de Duncan Dhu, era una versión de un tema de una tal Lynn Anderson, ni que «Blowing in the Wind» no era una canción de misa. Y todo lo que sabe sobre economía y burbujas inmobiliarias lo ha aprendido leyendo *Obélix y compañía*.

Sabe, porque tiene la cabeza llena de spam, una gran cantidad de datos que a nadie le importan, pero que para él son descubrimientos totales.

Sabe que, antes de que Mecano sacase «Naturaleza muerta» («No ha salido el sol y Ana y Miguel ya prenden llamas») ya había una versión de esa canción cantada por Mocedades, y recuerda la emoción que fue para él reconocerla cuando se compró *Aidalai*. ¿Le importaba a alguien más? Por supuesto que no, pero para él fue un triunfo de mierda de los muchos que han ido haciéndole feliz.

Sabe, como ejemplo de la profundidad de su pensamiento, que la empanadilla de Martes y Trece jamás fue de Móstoles, que se estaba friendo en Algete, que es donde estaba la señora que llamaba a Encarna para contarle que su hijo estaba haciendo la mili en Móstoles.

Sabe que no es verdad que la ironía no se entiende en la radio. Ha aprendido que, quien no entiende la ironía, no lo hará, aunque se le esté derramando por la cara empapada en *samanté*.

Sabe que «Buenas noches, señora», de Bertín Osborne, se llama en realidad «Como un vagabundo», y que la canción «Mi primera colonia Chispas» aparece en la banda sonora de *Fama* y se llama «Dogs in the Yard».

El señor mayor que lleva siendo viejo desde que nació y que por fin aparenta la edad que ha tenido siempre sólo sabe cosas *random* como que *Quién quiere ser millonario*, el concurso de la tele, se llama así porque alguien debía de conocer una canción de Cole Porter titulada «Who Wants to Be a Millionaire», escrita para la película *Alta sociedad,* que, a su vez, era un *remake* de *Historias de Filadelfia*.

El molón que cuelga una foto de David Bowie en sus redes sociales, en cada aniversario de su muerte, conoció «Space Oddity» gracias a un single de Los Hermanos Calatrava y, cuando homenajea a Freddie Mercury, se calla que escuchó el «Somebody to Love» por Mocedades, sin saber quiénes eran esos Queen.

Sabe que contestar «Jesús» a un estornudo es una protección contra el contagio, no una bendición para la cura del enfermo. No le gusta, pero le da pistas de cómo somos.

Sabe que Hombres G se llaman así por la película de Anthony Mann y que la frase «Todo gran poder conlleva una gran responsabilidad» jamás la dijo tío Ben, sino que aparecía en un rótulo de la última viñeta de *Amazing Fantasy 15*, la primera aparición de Spider-man, es decir, que la dijo ¡Stan Lee!

Sabe que quien bien te quiere no necesariamente te hará llorar. Es más, sabe que quien de verdad te quiere es quien disfruta si te hace reír.

Conocimientos útiles para nadie que no sea él. ¿Cómo va a ser una guía alguien que, cuanto más avanza, más sabe que no sabe nada y es tan idiota que, en muy pocas páginas, va a refutar a Sócrates?

El autor sabe que es alguien tan raro que, a veces, se ha sentido más vivo escuchando a Gershwin que besando, pero no tiene claro si eso es bueno o malo. Sabe que un «Te quiero mucho» es precioso, pero que, para algunas personas, muy pocas, a las que ha ido conociendo, el «mucho» sobra mucho. Sabe que es bonito jugar por jugar, sin tener que morir o matar.

Sabe que, además de las personas, las cosas que le han rodeado le han hecho muy feliz y lo que desde luego sabe es que ese amor a las cosas ha resultado ser uno de los más estables de su vida. Y que mucho de lo que sabe, sobre todo lo que confirma su ignorancia, lo sabe gracias a las cosas.

¿Cómo voy yo a indicarle a nadie ningún camino cuando el mío ha sido, básicamente, ir errando por las cosas que han ido apareciendo en el camino? ¿Cómo voy a pretender que este libro te lleve a algún sitio si yo no paro de errar? (Qué justa es a veces la polisemia). Este libro no te va a llevar ni a Ítaca ni a Mordor. Mira fijamente el trayecto de la Roomba de tu casa; eso va a ser este libro. Este libro son mis cajitas.

Si esperas decepcionarte,
nunca terminas decepcionado.

ZENDAYA, en *Spider-man: No Way Home*

> Arturo, llevas un montón de páginas y sigo sin saber de qué va este libro.

> Pues mira, voz absurda que no sé de quién es, creo que, si de algo va este libro, es de la sopa con aceitunas.

INTERIOR DÍA:

Tengo cinco años, soy el estómago agradecido de Jack. Mi madre acaba de hacer sopa de arroz y, como siempre desde que estrené raciocinio, pone en el centro de la mesa un plato con aceitunas para que cada uno se las eche en la sopa. No sé de dónde viene esta costumbre, ni siquiera sé que en el resto de las casas no existe. Tardaría unos cuantos años en descubrir que muy poca gente aparte de nosotros le echaba aceitunas a la sopa. Es más, que a la mayoría de las personas les parecía algo asqueroso. En mi casa era, no diré ley, diré algo más potente: en mi casa era LO NORMAL.

CORTE A:

Tengo cincuenta y dos años, mis padres han muerto, he hecho sopa de arroz y pongo, delante del plato, un cuenco de aceitunas para echarlas a la sopa.

Da igual lo que te digan y da igual quién te lo diga: ninguna sopa sabe mejor que la que te hacía tu madre. Cada persona del mundo, excepto Mafalda, te dirá que la sopa de su madre era la mejor del mundo. Al final, todos, nos guste o no, somos Anton Ego llorando frente al pisto.

Este libro te va a decepcionar si pretendes que te lleve a algún sitio más coherente que el recorrido de un coche de choque conducido por un tío que se ha comido la fruta de la sangría. Pero sobre todo te va a decepcionar si lo lees buscando un refuerzo positivo. Tanto si buscas que las cosas de las que hablo sean de las que hablarías tú como si apuntas las que consideras que deberían estar y no están, te garantizo el cien por cien de decepción.

Porque pienso esto: sería imbécil si me propusiera realmente que este libro fuera algo más allá que mi sopa de madre personal. La primigenia, la de por qué soy como soy y me gusta lo que me gusta sin que ello signifique que sea lo bueno, lo imperdible ni, mucho menos, lo recomendable.

Traté de explicarle al editor que, igual que la Roomba, mi trayectoria vital se dibuja de golpe en golpe, de error en error, de fracaso en fracaso; que yo no era nadie para decirle a la gente lo que tenía que ver, escuchar o leer. Que no me consideraba prescriptor de nada que no fuera de la universidad del ensayo y error, y que me estaba pagando por escribir un libro que sólo interesaba a mi familia, a mis amigos y a mi gestor.

Fracasé en convencerle y por eso lo estás leyendo.

Cuando todo da lo mismo,
¿por qué no hacer alpinismo?

JAVIER KRAHE, «La yeti»

Deberías empezar por la infancia.

Voy a empezar por la infancia.

Es lo suyo,
empezar por
la infancia.

¿Sabes qué?
Voy a empezar antes.

Mis padres llevan cinco años casados y no tienen hijos. Hoy en día eso puede sonar a algo normal e incluso, según algunos, a una decisión inteligente. Pero en aquel momento mis padres eran, a ojos de la sociedad, sospechosos de… de algo indudablemente grave.

Lo que hoy podría tomarse como la libre decisión de una pareja que apuesta por una vida con menos ataduras, se miraba entonces por encima de las gafas y despertaba las sospechas sobre la virilidad de mi madre o la fertilidad de mi padre (o al revés, yo qué sé, no había nacido aún).

Mis padres viven bajo el yugo del «A ver cuándo me dais un nieto» desde prácticamente el día después de su boda. Pero no ocurre. Por lo que sea. Han ido a médicos, los dos; han rezado, mi madre más; han blasfemado, mi padre más. Han hecho todas las cosas que decían que había que hacer: comer alcachofas, dormir con las piernas en alto, encender velas verdes, pensar en fresas durante el orgasmo, viajar a Lourdes. Pero el resultado es siempre el mismo: empate a cero niños.

Después de cinco años y varias pruebas, los médicos han determinado que nunca van a tener hijos. No han sido capaces de encontrar el motivo, pero sí la sentencia. Así que mis padres tratan de hacerse a la idea de que van a pasarse la vida decepcionando las expectativas sociales.

Tratando de sacar provecho de su fracaso como gestantes, buscan piso en un buen barrio de esos donde una familia «bien», o sea, completa, pagaría una fortuna por un piso grande, pero donde ellos pueden permitirse uno pequeño. Alguna ventaja debía de tener ser yermos.

Viven como millonarios. El sueldo de mi padre no es alto, pero es suficiente para dos. Van a cenas, no tienen horarios, pueden comprarse trajes caros y hasta un coche un poco mejor que el 600. Al final, cinco años después, han desaparecido las preguntas incómodas de la gente, que se limita a murmurar a sus espaldas.

—Pobres, no pueden tener hijos. El otro día los vi salir de la marisquería, pero tristes, claro, muy tristes.

Será la falta de presión, la felicidad de su vida de pseudorricos, será el vino caro, las velas verdes o la mala suerte, pero un día mi madre da la sorpresa y anuncia que está embarazada de mí. Fracaso de los médicos agoreros, fracaso de los mentideros maledicentes, éxito de las velas verdes y las patas en alto.

Hace falta una casa más grande y, por lo tanto, buscar un barrio en las afueras. Hacen falta carritos, pañales y cunas y, por supuesto, menos gambas. Todo un éxito para la fertilidad, un tremendo fracaso para las marisquerías del centro de Madrid.

El 6 de febrero de 1969 nazco, para bien o para mal, de manera tozuda. Y nazco en el mundo en que lo hago y cuando ha tocado, cinco años más tarde de lo que todos dictaban. Tarde, mal y ni siquiera para siempre. De hecho, tendría que morir tres veces antes de poder estar en Murcia escribiendo estas líneas.

> La vida real está bien para la gente
> que no tiene otra cosa.
>
> WOODY ALLEN, *Día de lluvia en Nueva York*

Este libro tiene un subtítulo: *Una artubiografía de las cosas.* «Artubiografía» porque no va a ser la historia de mi vida, sino únicamente de aquellas historias que me han ocurrido y de las que he aprendido algo. Y «de las cosas» porque sí. Porque de ellas he aprendido casi más que de lo que me ha pasado. El día 6 marca mi primer nacimiento. Porque aún tendría que nacer otra vez, muchos años después. Pero esa es otra historia y deberá ser contada en otra ocasión. Porque ahora ha llegado el momento de hablar de las cosas...

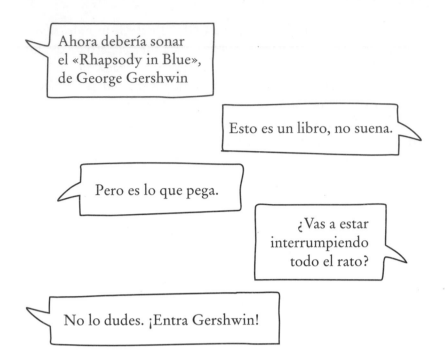

Ahora debería sonar el «Rhapsody in Blue», de George Gershwin

Esto es un libro, no suena.

Pero es lo que pega.

¿Vas a estar interrumpiendo todo el rato?

No lo dudes. ¡Entra Gershwin!

Discos, libros, pelis, eso importa, puede que sea cínico, pero es la puta verdad.

ROB GORDON, en *Alta fidelidad*

Él adoraba LAS COSAS, y cuando digo «las cosas», digo la vida. Y cuando digo «la vida», digo las cosas que hacen más bonita la vida. Idolatraba desmesuradamente las cosas.

En realidad, ahora sabe que, por muy cínica que sea la frase de Rob Gordon, ninguna frase es toda la puta verdad, que importan muchas más cosas. Importa, sobre todo, no tener que decidir sobre lo que es o no la puta verdad.

Pero las cosas le salvaron tantas veces de la soledad, de la pena, del miedo, que se habían convertido en una de las partes más importantes de él, justo a la altura de la gente de la que, tras varios choques de la Roomba contra los muros, había acabado rodeándose y con la que se sentía, por fin, feliz.

En *El señor de los anillos*, cuando Frodo y sus amigos llegan malheridos a la tierra de los elfos tras un ataque de los Nazgûl, Elrond pide, para que se recuperen, que les lleven comida, bebida, medicinas y música. El adolescente que leyó esta frase, con la música metida de manera natural en esa lista de lo imprescindible, le dio forma en su cabeza a algo que venía notando: que las cosas curan o, en el más pequeño de los casos, hacen el dolor más dulce.

Dicen que, cuando estaba ya muy enfermo, seguramente ya esperando el momento, Antonio Mercero cada noche pedía a sus familiares que le pusieran *Cantando bajo la lluvia*; aunque quizá su cabeza ya tenía dificultades para reconocer y para recordar todo lo demás, ver a Gene Kelly bailando lo llevaba a un estado de ánimo que hacía un poco más feliz la espera.

Como he dicho, he muerto tres veces, aunque en ninguna de ellas acabase muriendo (hasta en eso he ido fracasando), y allí estaban las cosas, curando, lamiendo heridas, ayudándome con el «levántate y anda». Y sé que, como a Antonio, seguro que las cosas van a ser parte de lo que me acompañe hasta el momento en que, por fin, triunfe en lo de morir.

Hostias, qué tétrico te estás poniendo.

A ver, es que quería decir que esas cosas me van a acompañar toda la vida.

Podrías haber dicho eso, simplemente.

Ya, pero entonces este sería el libro de alguien normal, no el de un imbécil.

Paro el coche en doble fila porque voy a dejar a un amigo que tiene que coger un tren. Aún queda tiempo para que salga, pero él apuesta por bajarse por si viene la policía y nos multa por estar mal estacionados. No le dejo. Porque, llegando a la plaza de Cibeles, yo había iniciado una conversación sobre John Landis en la que trataba de desgranar su carrera y explicarle a mi amigo por qué hacer una buena película aparentemente simplona es casi más complicado que hacer una mala y compleja.

Mi amigo es como yo en eso, completamente igual, por eso es mi amigo y por eso nos ponemos a hablar con los ojos brillantes de *Entre pillos anda el juego*, nos liamos ensalzando el ritmo de *El príncipe de Zamunda* y nos ponemos a cantar «Everybody Needs Somebody». Unas luces rojas y azules nos sacan del trance, por el espejo retrovisor veo que dos policías se acercan. Mierda.

Les digo que me voy ya. Al fin y al cabo, no he abandonado el vehículo, es que estábamos con lo de Landis, disculpe, agente. El poli me dice que, al verme parado tanto tiempo, han consultado la matrícula y mi seguro está caducado. Me tienen que poner una multa e inmovilizar mi coche hasta que pague el seguro con retrasos y todo. Y la multa, claro. Y la grúa.

Mi amigo se baja muerto de risa.

—Yo casi pierdo el tren y a ti te ha costado 2.000 euros. Pero ¡qué charla más buena! Oye, no hemos hablado de lo chula que es la de *Un hombre lobo ameri...*

—... ¡Que tires, que al final lo pierdes, Juan!

Subo por la Cuesta de Moyano llamándome gilipollas a mí mismo, por no ser capaz de hacer nada en orden, por olvidarme de la realidad y ponerme a hablar de las cosas como si estuviera en una misión de Dios.

Me pongo los cascos, Paul Simon me dice que él también sigue estando loco después de tantos años. Encojo los hombros y silbo cuando suena la trompeta.

Siempre ha sido así, hablar de las cosas es la segunda cosa más fabulosa del mundo, justo después de disfrutar con las cosas. Es complicado explicarlo, como imagino que es complicado explicar por qué te gusta abrazar árboles o el té rooibos, por eso he renunciado a tratar de que lo entiendan. Aquí hablaré de las cosas que han supuesto algo para mí, pero sin convertirlas en el dogma de nadie, sin ser la guía de nada. Será el lector, si quiere, quien tendrá que medir si esas cosas generan o no emociones. Pero ese trabajo es vuestro. Es lo que soy desde siempre, lo que me ha convertido en un gilipollas para muchos, pero me ha permitido atraer a mi mundo a otros gilipollas como yo. Ahora que me he puesto a repasar mi vida, desde ese nacimiento sorpresa hasta hoy, las COSAS me han dado una cantidad enorme de felicidad y mucho de mi aprendizaje.

Esas COSAS han ido manteniendo en mí el impulso que necesitamos todos para movernos y levantarnos por las mañanas cuando hay sombras. El que ha tirado de mí cuando el fracaso tenía éxito y el que hacía más bonita la felicidad cuando se pasaba por mi casa.

Lo cierto es que, en cuanto tuve ocasión, hice lo posible por reunir a cuatro amigos para pasarnos las horas hablando de las cosas con un cocido de por medio. Ah, y le pusimos unos micrófonos soñando con que a alguien le podía apasionar tanto como a nosotros escuchar hablar de cosas.

Si fuera yo capaz de conseguir
tenerte alguna vez entretenido…

ROSENDO MERCADO

Amo las cosas y, por lo tanto, amo a las personas que hacen cosas. Amo a los autores de las canciones que me generan alguna emoción o que me enseñan algo que ignoraba. Esa gente que dedica su vida a hacer cosas esperando un resultado tan benéfico como que tú te sientas mejor cuando llegues a ellas. Mis mejores amigos son, ahora, gente que hace cosas. Sé la cantidad de horas, la cantidad de miedos y de sueño que tienen que robar para hacerlas. Por eso cada vez desprecio más a quien es capaz de cargarse todo ese esfuerzo con una frase sólo porque no es tu sopa de arroz con aceitunas.

Tú has «perdido» un rato de tu vida, ellos la están dedicando a probar y, por lo tanto, a correr el riesgo de fracasar. Y lo hacen por si acaso ahí fuera hay alguien, no necesariamente tú y tu abismal ombligo, a quien puede que eso que hacen lo haga un poco más feliz.

Este libro es, básicamente, un homenaje a todas aquellas personas que hacen cosas y que han construido con ellas un lugar muchísimo más feliz para mí en el que vivir.

LA CIUDAD DONDE VIVO

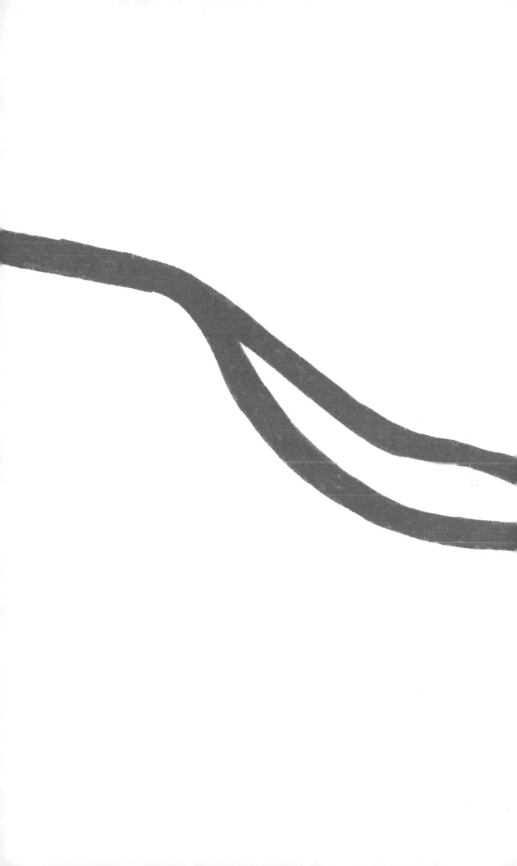

Faltan, por supuesto que faltan calles. ¿Tiene algún sentido hacer un ranking de gente que ha hecho cosas que me han hecho feliz? No lo tiene, porque las obras siguen y las gentes se van del sitio donde estaban cuando las probaron, avanzan o retroceden y, de repente, el ranking cambia. Una vez me pidieron en la revista *Nickelodeon* el ranking de las mejores películas de la historia. Lleno de soberbia, la hice y, cada vez que la repaso, me doy cuenta de que, efectivamente, lo eran para la persona que lo redactó, pero no para la que, dos días después, fue al cine a ver *La ventana indiscreta*. Puse estas:

1. *Sed de mal*
2. *Tiempos modernos*
3. *La reina de África*
4. *Y el mundo marcha*
5. *El padrino* (trilogía)
6. *La legión invencible*
7. *La gran ilusión*
8. *Ninotchka*
9. *Perdición*
10. *El salario del miedo*

Todas seguirían estando, pero no en ese orden ni, desde luego, todas entre las diez primeras. Son una fotografía de ese instante, del que yo era, de los temas que seguramente más me apasionaban entonces. Por eso aquí no habrá rankings. Habrá, eso sí, listas, porque me fascina hacer listas, enumerar sin pódiums, sólo para refrescar el recuerdo de aquellas cosas que me emocionaron. De hecho, la primera lista de este libro va a ser de canciones que enumeran, porque amo enumerar; así, sin orden, por el placer de poner la cabeza a evocar y, desde luego, sin pretender esculpir nada en piedra.

LISTA DE CANCIONES QUE ENUMERAN

- «Todos menos tú», de Sabina (va a salir mucho, es el rey de la enumeración)
- «My Favorite Things», de *Sonrisas y lágrimas*
- El «Hallelujah», de Leonard Cohen
- El «Aleluya», de Aute
- «Abajo el Alzheimer», de Krahe
- «Let's Do It», de Cole Porter (si puede ser en la versión de Louis y Ella)
- «Para llevarte a vivir», de Javier Ruibal
- «Más de cien mentiras», de Sabina
- «We Didn't Stop the Fire», de Billy Joel
- «In the Garage», de Weezer
- «Rata de dos patas», de Paquita la del Barrio
- «Los restos del naufragio», de Bunbury
- «Si volvieran los dragones», de Fito Páez y Sabina
- «Me gusta todo de ti», de Serrat
- «Mar, el poder del mar», de Facto Delafé y las Flores Azules
- «Dos mil recuerdos», de Pedro Guerra
- «La hoguera», de Krahe
- «La maza», de Silvio Rodríguez
- «De nada más», de Rosendo
- «Ese hombre», de Rocío Jurado

- «Imán de mujer», de Aute
- «Vogue», de Madonna
- «La del pirata cojo», de Sabina
- «Odio», de Revólver
- «Superhéroes de barrio», de Kiko Veneno
- «Botines», de Tote King
- «El menú del bar Rambo», de Riki López
- «Qué te pasa», de Manolo Tena
- «Con las manos en la masa», de Vainica Doble
- «El día de suerte de Pierre Nodoyuna», de El Kanka
- «El aguante», de Calle 13

¡¡¡Para!!!

Perdona, tienes razón.
No hay nada que me enganche
más que hacer listas. Paro, paro.

El resto de las «cosas» de la vida, de mi vida, han sido las que provienen de las personas: familia, amigos, amores, enemigos, decepciones, aves de paso, montañas rusas, sorpresas... Pero de esas no hablaré tanto aquí. Este libro es sobre las cosas y sobre aquellas personas que las han hecho, gracias a las cuales soy un poco menos desastre.

Gracias doy a la desgracia y a la mano
con puñal porque me mató tan mal.

ARIEL ROT, «Como la cigarra»

La primera vez que me morí fue nada más nacer. De nuevo, una vez que mis padres se habían hecho a la idea de cambiar el langostino por el meconio, yo les traía una sorpresita. No era un pan debajo del brazo, era una cabeza abierta. Al parecer, el hueso del cráneo que debía cerrarse para proteger mis sesos se negaba a hacerlo. Mi cerebro permaneció descapotado, protegido sólo por una fina capa durante mis tres primeros años de vida. Al parecer, yo era casi un vegetal al que había que tratar con enorme cuidado. Volvieron los tiempos de médicos sin respuesta, de gastos extra y de amables personas que les decían a mis padres: «Para estar así, mejor que se lo lleve Dios».

Uno de los médicos le recomendó a mi madre, como método infalible para mi curación, que comiera huesos de potro machacados. No me preguntéis dónde estudió ese señor ni por qué a mis padres les pareció algo lógico. Como diré muchas veces aquí, uno llega al mundo al que llega y las verdades son las que se consideran verdad en ese momento.

Mi dieta durante mis primeros años fueron potitos con huesos de potro, papilla de huesos de potro y biberones con la misma ambrosía disuelta en la leche. Suma a esto un cerebro al viento y a lo mejor te empieza a encajar que sea como soy.

Casi desahuciado por todos los médicos, apareció don Juan, un médico que se preocupaba de leer todo lo nuevo que llegaba, de los pocos en España que sabía inglés y podía informarse de los adelantos. Don Juan, un médico que fumaba mientras me auscultaba, me pilló *in extremis* y me salvó la vida. Todo un fracaso de la muerte anunciada. El primero. El segundo llegaría algunos años más tarde y, en ese, el que fracasó fui yo.

Cuando nací, en ese mundo en color sepia que denota mi avanzada edad, había una serie de verdades en mi casa que no se discutían. Una de ellas era que saber mecanografía iba a ser imprescindible para mi futuro (un año estuve yendo a clases, pagadas por las espaldas de mis padres para convertirme en el plusmarquista nacional de las pulsaciones en la máquina de escribir). Otra era que es muy malo que un adolescente se afeite demasiado pronto el bigotito, ese que le sale cuando las hormonas empiezan a gritar. Un año entero me pasé pareciendo el sobrino palillero de Fu Manchú por aquella verdad inmutable. La tercera, la más conocida, era que, si te bañabas antes de las dos horas preceptivas para hacer la digestión, tu cuerpo experimentaba una conmoción al contacto con el agua que podía dejar en ridículo a un gremlin. Que te morías, vamos.

Al nacer, uno encuentra una vida, unas leyes, unas costumbres, unas creencias, unas verdades, un mundo. Y en ese mundo aprende a moverse. Una de mis historias favoritas es la que cuenta que, cuando pretendían poner el alcantarillado en Madrid, la gente protestó muy fuerte porque querían seguir tirando sus detritos por las ventanas al grito de: «¡Agua va!». Sólo cuando se impuso aquello y los villanos de Madrid descubrieron las ventajas de no coger el tifus y morirse, dejaron de protestar. Porque somos así, de manera inalterable. Nos hacemos a la vida que encontramos y trabajamos para convencernos de que es la mejor posible. Estoy seguro de que, a los tres días de llegar al infierno, ya pides una mantita para dormir.

LISTA DE VERDADES INMUTABLES
EN EL MUNDO EN QUE NACÍ

- El jamón no engorda si no te comes lo blanco.
- A mí no me importa que la gente se acueste con quien quiera; los que me molestan son los que son maricones por vicio.
- El pan no se puede congelar porque se pone malo.
- La letra con sangre entra.

- Pedirle a alguien que deje de fumar en una habitación de hospital es un acto de muy mala educación.
- Las pelis de dibujitos son para los niños.
- La verdura sólo se puede tomar hervida.
- Un par de copitas de vino al día son buenas para el corazón.
- A los negritos, pobrecitos, hay que quererlos como si fueran normales.
- Como en España no se come en ningún sitio.
- Si haces ejercicio sin necesitarlo, se te pueden descolgar los músculos.
- Si no sales de un restaurante con náuseas de tanto comer, no has comido bien.
- Si le pones una tira de goma al coche que toque el suelo, la gente se marea menos dentro.
- La comida de los aviones está muy mala.
- Aprender inglés es muy poco útil, hablarlo es de pedantes.
- Hay que cuidar la caligrafía porque es tu carta de presentación.
- ¿Móvil? Yo nunca tendré móvil.
- Los bares buenos son los que tienen el suelo lleno de cabezas de gambas.
- El niño que haga lo que quiera y que cargue con las consecuencias, pero a la niña, como me traiga un bombo a casa, la mato.

Yo pasaba por aquí
y me dieron una llave,
un idioma y un carné,
un pasaporte, una clave,
una nación y una piel,
yo pasaba por aquí.

PEDRO RUIZ

Al final, creo, lo que pasa es que la vida va tan a su bola que tu cabeza necesita guionistas que la ordenen, que le den una lógica, una moral, que nos dejen tranquila la conciencia demostrándonos que existe la justicia, que las cosas suceden por algo más que porque sí, porque pasan en el momento en el que pasan producidas por un irrefrenable instinto primario.

Pero he aprendido que casi nunca es así. Las cosas suceden y, *a posteriori*, se les buscan moralejas e incluso se modifica la historia para que la tenga. Para que reconforte o, simplemente, para que nos ayude a entenderla sin el dolor innecesario de asumir que la vida no es justa, que no siempre se van los mejores, que todos los días se mueren hijos de puta y buena gente aleatoriamente, como en el chasquido de Thanos.

Por eso es tan complicado desaprender los cuentos recibidos, aquellos en los que todo pasa por algo, y comprender que la vida tiene de guionista a un Buñuel, un Lynch o un Berlanga, a veces todos a la vez, pero nunca a un William Goldman o un Ben Hecht. Por eso es tan difícil entender que amar el cine, los libros, los cómics, la ficción se convierte en un problema cuando nos pasamos la vida esperando que esta sea igual.

Nada más llegar al mundo empiezas a heredar aquellas verdades que tus padres y los padres de tus padres y los... (pon aquí las ramas que quieras) han ido aceptando como verdades inmutables. Y ahí surge la posibilidad de hacerlas tuyas y vivir de las rentas, sin desgastes intelectuales, o la menos práctica: dedicar tu vida a desaprender, a poner en entredicho esas sentencias y, de esa forma, descubrir por ti mismo cuánta mentira y verdad tienen.

Como más cómodo vive uno es heredando las verdades. No puedes elegir heredar una fortuna porque tus genes vienen de los óvulos y espermatozoides de tus padres y no te permiten la selección previa, no puedes elegir que tu ADN sea o no privilegiado porque eso sólo pasa, por ahora, en las pelis de ciencia ficción. Pero es verdad que, cuando naces, recibes una herencia que no queda registrada en los papeles pero que, al menos, te permiten decidir si aceptarla o no cuando llegas a una edad adulta y, con suerte, a una capacidad intelectual determinada.

Pero si de verdad pretendes crecer, si en serio quieres cambiar las cosas, no te conformas con las verdades que encuentras y buscas las tuyas.

> Elige la vida. Elige un trabajo. Elige una familia.
> Elige una jodida televisión grande. Elige lavadoras,
> coches, bricolaje y pregúntate quién coño eres
> un domingo por la mañana. Sentado en un sofá,
> viendo estúpidos concursos de televisión,
> mientras te metes putas porquerías por la boca.
> Elige tus amigos. Elige tu futuro. Elige la vida…
> Pero… ¿por qué haría yo algo así?
>
> MARK RENTON, en *Trainspotting*

Tengo dieciocho años, soy la legaña madrugadora de Jack y he decidido buscarme un curro de verano por aquello de ganar algo de dinero más fácil que limpiar vomitonas y conseguir cierta independencia. Trabajo en un supermercado de reponedor de cervezas y estoy a punto, mientras transporto enormes palés de Mahou, de aprender una cosa vital.

Cada semana mi jefe me hace cambiar el frontal, que es aquello que se ve según toreas el carrito, por el pasillo principal. Los lunes son días agotadores porque una marca ha pagado una pasta por poseer ese frontal durante siete días y ser lo primero que ve el comprador. Mi jefe me cuenta que pagan tanto dinero porque, de manera tozuda, la marca que está más a la vista es la que más se va a vender esa semana.

Da igual que no sea especialmente buena, ni siquiera especialmente barata, esa será la ganadora.

Y el jovenzuelo aprende que en el resto de los aspectos de la vida suele ser igual. Que la gente suele escuchar la canción que más ponen en la radio, ver la película que más se anuncia o leer el libro que todo el mundo lleva en el metro, pero que eso no lo convierte necesariamente en lo mejor o lo que más te va a gustar. Que los verdaderos logros, los que dan verdadero placer, se consiguen dedicando tiempo a husmear en los pasillos más pequeños y peor iluminados para encontrar la cerveza que realmente te hace feliz. No sólo porque te guste más, sino por la aventura que ha supuesto descubrirla. Cuando nació mi sobrino Nacho pensé que el mejor regalo que podía hacerle era la curiosidad, las ganas de saber lo que está al girar la esquina; no hizo falta, la tiene por sí solo, pero desde que nació en mi casa ha habido siempre un póster de *Mi tío*, de Jacques Tati, para recordarme a mí mismo que mi única labor posible con él era ocuparme de lo que no podían hacer sus padres, que bastante tenían con educarle para ser buena persona. Lo mío era enseñarle que la vida es, también, mirar más allá del frontal, donde los perros juegan.

He andado muchos caminos, he roto muchos huevos de Pokémon, he meditado hasta donde me da la cabeza y me he equivocado tantas veces como para pensar que ya sé que no tengo ni idea de nada. Que la verdad desnuda guarda oculta detrás de la corteza el hueso de cereza de una duda. Que prefiero caminar con una duda que con un mal axioma. Que no importa mucho lo de tener razón porque depende de quién te la esté dando y de cuánto va a durar en tu poder.

Sé, más o menos, que no hay verdades eternas que duren lo que dura un corto invierno y, es más, sé que, probablemente, eso también sea falso

¿Qué has dicho de limpiar vomitonas?

Ah, es verdad, que eso no lo he contado aún, viene luego.

Joder, macho…

Ya…

El verdadero lugar de nacimiento es aquel en el que por primera vez uno se ve inteligentemente sobre uno mismo; mis primeros lugares de origen han sido libros y, en menor grado, escuelas.

Marguerite Yourcenar, *Memorias de Adriano*

Tengo un amigo que se llama Rodrigo Cortés; él acuñó la frase «Somos lo que comemos» para explicar que cada persona es el resultado de un montón de factores que nos encontramos al nacer. Un reloj en la muñeca y zapatos en los pies. Rodrigo es bueno poniéndole nombre a las sensaciones. «Somos lo que comemos», el resultado de muchas cosas aleatorias que nos encontramos al llegar; por eso tiene poco sentido reafirmarse en lo que eres, porque lo que eres es lo que un chef loco echó en el puchero cuando naciste.

Por eso, para entender quién soy, creo que debo empezar por contarte mis primeras cosas, el menú que me encontré cuando vine al pequeño mundo de cuando eres pequeño, a mi casa.

Este es el mundo que había antes de que yo llegara.

Con cinco azahares.
Con cinco diminutas ferocidades.

MIGUEL HERNÁNDEZ

Mi padre fue uno de los primeros DJ de España. Por supuesto, mucho antes de que se acuñara la expresión, antes incluso de que se le llamara «pinchadiscos» en los setenta y la tele le hiciera un homenaje a aquella figura y lo llamara Horacio.

En un mundo en el que no había discotecas, ni *boîtes* ni disco-pubs, casi la única manera de organizar una fiesta que no fuese en la sala parroquial del barrio bajo la atenta mirada del cura era montar guateques. En la España de los sesenta, con la apertura y eso, cuando empezaba a decirse que «los chicos con las chicas tienen que estar», empezaron a montarse fiestas en las casas y nuestros padres, un *Risky Business* de cocido, aprovechaban cuando sus casas se quedaban vacías de padres para invitar a unas gachís y marcarse unos *dancings* con ellas. Y ahí fue donde mi padre —titán de los negocios, águila de la inversión— vio parné. Compró un *pick up* (las expresiones que no sepáis las buscáis en Google o no avanzaremos), una colección surtida de discos y empezó a alquilarse para ir a las casas a ponerles la música.

Tengo cero años, soy el cigoto superviviente de Jack y me encuentro una casa llena de discos. Como el negocio de mi padre no carecía de ambición, empezó a pinchar en todo tipo de fiestas, de las más rumbosas a las más pomposas. DJ González-Campos trabaja desde las fiestas más roqueras (en una época en que el rock son Los Sírex, Los Bravos, Jeannette y Mike Rivers porque aún está feo poner la música americana) hasta bodas y reuniones de pijos que piden Paul Mauriat, Waldo de los Ríos y, si se vuelven muy locos, algo de Karina.

Tengo cinco años, soy el estómago del gordo de *El sentido de la vida* con un superpoder de digestión que me permite no tener que vomitar nada y un cráneo que sigue tardando en cerrar. Este es el batiburrillo musical que tengo en mi casa cuando nazco: discos sorpresa Fundador, que lo mismo podían contener rancheras que una selección de jotas, las mejores yenkas o dos temas de Mike Rivers. Yo no distingo, todo es música.

LISTA DE DISCOS EN CASA

- *Los Llopis*, de un grupo argentino que versionaba temas de rock. Ahí conocí el «Hasta luego, cocodrilo» o «All Shook Up», de Elvis, que aquí se llamaba «Estremécete». Los Llopis tenían una canción llamada «Basta, Arturo», que en casa mi madre y mi hermana celebraban con júbilo.
- *Mocedades 5*
- *Bodas de plata*, de The Platters
- *40 canciones de la vida de un hombre*, de Frank Sinatra
- Benny Goodman, el rey del swing
- *Nido de águilas*, de José Luis Perales
- *Raffaella Carrà canta sus grandes éxitos*
- *Historia*, de Los Bravos
- *Antología*, vol. 3, de Manolo Escobar
- *Aquí está el güisqui, Cheli*, de Desmadre 75
- *Violinista*, de Gila
- *Forgesound*, de Luis Eduardo Aute
- *La Verbena de la Paloma*, de Ataúlfo Argenta

- *El ritmo*, de Elvis Presley
- *Feliz Navidad*, de José Feliciano
- *Verde, verde*, de Luis Aguilé
- *Tengo una debilidad*, de Antonio Machín
- *Yo canto*, de Julio Iglesias
- *Carnaval de Cádiz*, vol. 5
- *I Can›t Get no Satisfaction*, de los Rolling Stones
- *Touch Me*, de Sara Montiel (sí, hubo una época en que Sara cantó en inglés canciones que se basaban en que ella gemía eróticamente, ha habido épocas para todo)

Como veis, mi padre sufría el mal del buen DJ: la necesidad de tener la mayor cantidad de estilos posible para adelantarse a las peticiones del cliente. Así que, por tratar de economizar recursos en su actividad extralaboral, tenía, sobre todo, discos recopilatorios de esos que se llamaban *Lo mejor del año* de Hispavox o *Éxitos de oro* de Epic. Esos discos eran un cajón de sastre que poco tenía que ver con las listas de Spotify por géneros o estilos que nos hacemos ahora o con las cintas de «Lentas», «Movidas» o «Españolas» que grabaríamos cuando se le pudiera poner celo a los casetes. Aquellos discos eran un sindiós que mezclaba a Waldo de los Ríos con Mari Trini y Lee Marvin con su estrella errante. Había uno llamado *Muy frágil* que tenía grabado «Angie», de los Rolling, «Linda prima», de Solera, y «Suavemente me mata con su canción», de Roberta Flack, para acabar con «El mosquito», de los Doors. Así entraba la música en mi cabeza, desordenada y desprejuiciada. Jamás tuve problemas en dejar de escuchar a los Cinco Latinos cantando tangos para ponerme un disco de Led Zeppelin; el «Abrázame», de Julio Iglesias, con el «For the Fans Only», de Elvis; o el «A ese pájaro dorado», de Serrat, con «Lay Down, Sally», de Eric Clapton, o los discos de Pepe da Rosa (estos eran especialmente importantes).

En mi casa había tres acontecimientos que hacían que toda la familia acudiese a El Corte Inglés. El principal era que Perales sacase disco. Mi madre nos arrastraba a por él en cuanto se enteraba de que había uno nuevo y salía de allí con el disco en una bolsita pidiéndole a mi padre que volviéramos corriendo a casa para ponerlo hasta que reventase. Yo me sabía el disco *Como la lluvia fresca* entero y me pasó lo mismo con *Tiempo de otoño*, *Nido de águilas*, *Entre el agua y el fuego*… Ella, que no era especialmente amante de la música (más bien solía protestar por que la tuviéramos puesta todo el día), se esforzaba por aprenderse las canciones, a pesar de su oreja de corcho, y las tarareaba desafinadas y con la letra cambiada. Perales era/es ver a mi madre feliz. *(Mensaje en clave: ahora sabes la magnitud del regalo que me hiciste).

Algunos días siento mi infancia muy lejana
y otros casi puedo verla. La tierra mágica
de mi juventud, como un hermoso sueño de cuando
el mundo me esperaba y las lecciones que me faltaban
por vivir. Ahora que lo pienso, ojalá hubiera
escuchado, ojalá hubiera prestado más atención
y entendido. Pero a veces no entiendes
lo que aprendes hasta que lo superas.

Wonder Woman, 1984

El segundo acontecimiento que nos llevaba de compras era por parte de mi padre y tenía que ver con que Pepe da Rosa sacase disco. Pepe era un cómico andaluz, como mi padre, que lejos de ser el clásico cuentachistes que tanto se llevaba en aquella época, contaba historias sobre temas variados. Tan pronto usaba el costumbrismo de lo difícil que era cobrar un cheque en el banco como te contaba la historia del talón de Aquiles y, entre risas, te enterabas de cosas de la *Ilíada*. Era un cómico enorme que tenía, además, un estilo propio. No creo que a nadie le parezca casual que yo haya acabado haciendo monólogos y aprovechando el poder de la risa para tratar de hacer atractivos temas que, en principio, pueden parecer áridos. Pepe era un grande y a mi padre le encantaba el humor, como ya habréis supuesto. El que había, el que se hacía en el mundo en el que vivíamos.

Para un cumpleaños, creo que mi décimo, mis padres decidieron celebrar una fiesta de disfraces. Como yo era el homenajeado, mis padres tiraron la casa por la ventana y me llevaron a Cornejo (la tienda de disfraces más importante de Madrid, la que en tantas películas ha colaborado) para alquilarme un disfraz de tahúr del Mississippi. Ahora es complicado explicar que los vaqueros eran los superhéroes de aquella época y que toda la iconografía del Oeste era adorada. En mi casa, si había película de vaqueros el sábado a mediodía, se comía antes para que mi madre pudiera verla tranquila sin tener que irse a recoger la cocina; y sí, a mí también me flipa escribir esto hoy como algo normal, pero era así. Cuando acabábamos de comer, mi padre se encendía un cigarro, yo colocaba la silla de apoyar los pies delante del sillón y mi madre y mi hermana, en cuanto fue más mayor, iniciaban una carrera para llevarse los platos y dejarlo todo recogido para, con suerte y destreza, perderse sólo los diez primeros minutos de *La diligencia*, rogando para que pusieran anuncios pronto y conseguir un bonus de tiempo extra mientras se hacía el café. Vuelvo al disfraz de tahúr.

El disfraz era perfecto: camisa con chorreras y sombrero elegante, como el que luego sacaría Mel Gibson en esa maravilla de Richard Donner que era *Maverick*. De ese día conservo una foto que se le ocurrió sacar a alguno de mis tíos: con un pie encima de la mesa y yo con cara de duro mientras sostengo una botella de whisky en la mano y un cigarro en la boca.

Durante años esa foto ha presidido un rincón preeminente de mi casa, colocada estratégicamente para que cada visitante dijera lo gracioso que estaba el niño con el cigarro en la boca. Puedo aseguraros que así fue. Cualquiera que llegase a González-Campos' hacía el comentario según dejaba la bandejita de pasteles surtidos encima de la mesita del té del salón de recibir invitados.

Porque en aquella época las casas, mucho más grandes que las de ahora, tenían un salón vedado que solamente se abría para las visitas. ¡Algo había que darles a cambio de los pasteles! Puede que las generaciones de ahora no sepan que la expresión «salita de estar» viene de que existía la otra, la de las visitas, en la que, bajo amenaza de muerte por parte de tu madre, no se podía entrar.

Vuelvo por tercera vez a la foto. Fueron años de pasteles, uno detrás de otro, y de elogios y jacarandas sobre mi foto de fumeta. Nadie, jamás, ni remotamente, se planteó que hacerle a un niño una foto fumando y sujetando una botella de whisky tuviera más connotaciones que las graciosas. Nadie.

No fue hasta mediados de los noventa cuando mi madre, como en una epifanía, de repente decidió quitarla, porque estaba feo e incluso le parecía bastante vergonzosa. Mi madre, la de los noventa, dejó de reírse de lo que le había hecho troncharse en los setenta. Ninguna estaba equivocada. Ninguna de las dos era, en realidad, la misma mujer.

Somos el mundo que celebró la bofetada de Glenn Ford a Gilda y la violación del hombre tranquilo; aplaudimos cuando Rambo mataba vietnamitas sin pedirles el carnet de malvados. Somos los mismos que se rieron del borracho y llamaron subnormal al que no era normal. Somos los que nos sentimos normales cada vez y luego la vida nos demuestra que no lo éramos.

Era la época en que Benny Hill lo petaba con sus chistes sexistas persiguiendo a mujeres tontas y de tetas gordas, la época de las cintas de chistes que venían clasificados como: de mariquitas, de gangosos, de mujeres…

En casa también había, con el mismo criterio caótico con el que mi padre compraba música, un recopilatorio de canciones «cachondas». Para los que tengan menos edad, había temas como «Saca el güisqui, Cheli», «En la fiesta de Blas» o «Mi querida Severiana», una exaltación del animalismo y del amor a una oveja digna del Woody Allen de *Todo lo que siempre quiso saber sobre el sexo…*

El disco se celebraba cada vez que mi padre lo ponía. Pasábamos por temazos como «La Ramona», de Fernando Esteso, aquella celebración de la obesidad mórbida, o el *bonus track*, «La chorba del Jacinto», himno a la cosificación de la mujer: «Cuando menea el muslamen al bailar, la chorba del Jacinto me mola cantidad».

Esa joya del despropósito, ese anatema del presentismo, incluía una canción llamada «Mariposas locas» dedicada, con un ritmo bailable y pegadizo, a bañarse en los estereotipos de los homosexuales aprovechando los puentes sonoros para incluir esos chistes «de mariquitas» que tanto éxito estaban teniendo entonces. Y una escalofriantemente horrible versión de Emilio el Moro del «Te quiero», de Nino Bravo, retitulada «Te hiero», con tintes de maltrato doméstico nada disimulados, que decía:

> *De por qué te estoy pegando*
> *no me pidas la razón,*
> *pues yo mismo no comprendo*
> *que no se rompa el bastón.*
> *Al llegar la madrugada,*
> *cuando estés medio baldada,*
> *te daré la explicación.*
>
> *Te pego, vida mía,*
> *pues es que el otro día*
> *te pillaron con Fermín.*
> *Te pego, cara dura,*
> *porque eres la más chula*
> *que en mi vida yo me vi.*
> *Tú me serás siempre fiel*
> *porque si parto el bastón*
> *te doy diez mil puntapiés*
> *en un riñón.*
>
> *Ya ves que no te riño,*
> *te trato con cariño,*
> *ven y ponme de comer,*
> *porque te hiero,*
> *te hiero, te hiero,*

te hiero, te muerdo y te pego
con la [maja el armidel].

Te pego, María Rosa,
por puerca y cochambrosa,
qué vería yo en ti.
Y ahora te lavas muy bien
con estropajo y jabón,
porque ya empiezas a oler
como un lechón.

No llores como un niño,
porque otra vez te endiño,
ven y pídeme perdón,
porque te hiero,
te hiero, te hiero,
te mato, te muerdo y te cuelgo
como se cuelga un melón.

La la la la ra,
dos loros, tres loros,
diez loros, tu cara de loro,
cómo te voy a querer.

La pongo porque es terrible; la pongo porque, en aquel momento, no lo era y eso es lo terrible. Como digo, ese disco se escuchaba sin filtros en mi casa, incluso cuando había invitados y la cosa derivaba en fiesta. Jamás escuché a nadie protestar por el contenido de una sola de esas canciones, ni una, nadie. Las cosas eran tajantemente así. Nadie había pasado por los procesos de cambio que hemos interiorizado ahora. Incluso mi primo Luis, del que se acabaría sabiendo que se llamaba Elena, se reía con la boca abierta con los chistes de aquellas «Mariposas locas» que camelaban al sargento del cuartel donde hacían la mili para convencerle de tener relaciones con él.

Por mi parte, debo decir que ni uno solo de esos contenidos

me ha vuelto, que yo sepa, homófobo, gordófobo o cosificador. Salvo fallos en la placa base, aquella que llevamos por defecto, rara es la vez en que me sorprendo en una postura ideológica que, si la reflexiono, pueda asquearme de mí mismo.

Bien es cierto que puede que haya personas reacias a la evolución y a las que ese contenido puede haberles marcado para siempre, convirtiéndolas en un amasijo de prejuicios. Por eso es útil que esas canciones existan, pero está mejor que alguien nos las actualice, las ponga en su contexto, nos explique cómo era la época en la que surgieron y podamos escucharlas con ese filtro. A mí me lo hizo, de nuevo, Krahe, cuando me enseñó por primera vez el otro lado en «Dónde se habrá metido esta mujer».

Dumbo no se consideró racista cuando salió, ni los blancos pintados de negro de *El cantor de jazz*. Era, simple y cruelmente, el mundo que había. Por eso ahora está bien que un cartel nos avise de todo esto y que un padre se siente junto a su hijo a explicarle según qué cosas mientras las ven.

¿Y quién le sujeta a usted?

Lois Lane, en *Superman*

Creo que esta falta de criterio en la colección musical de mi padre fue el primer paso para crear al tipo raro e introvertido que soy, y es lo más maravilloso que me pudo pasar. El segundo fue un paso al vacío, un gran fracaso, el fracaso de mi sentido del equilibrio.

Tengo cinco años, soy los tentáculos escaladores de Jack. En casa de unos amigos de mis padres había un constructor absurdo que había creado una especie de tarima en la pared de la escalera. Una tarima inexplicable e inservible salvo para el fin que acabó teniendo.

El padre de Arturo tenía un juego con el niño en el que lo dejaba pasar por la tarima mientras él bajaba por la escalera para, al llegar abajo, permitir que el crío saltase a sus brazos y se sintiese, por décimas de segundo, un pequeño Superman, un campeón de peleas. Era el premio al pequeño Arturo por haberse portado bien durante la visita a la casa de sus amigos.

Cierto día, la despedida se alargaba. Mis padres se habían convertido en una de esas parejas que se quedan en la puerta charlando en medio de unas conversaciones que, claramente, tendrían que mantenerse dentro del salón unos veinte minutos antes de hacer el chiste de: «Vamos a marcharnos, que estos señores se querrán acostar». Yo deseaba mi momento Superman y no llegaba. Tenía ansias de volar y poca paciencia, así que, ignorante de la gravedad de ignorar la gravedad, comencé a andar por la tarima cual funambulista con la idea de avisar a mi padre para la recogida del salto… Ni un solo lector se va a sorprender si cuento que me caí, que el fémur chocó contra el último escalón y, en vez de «Eureka», sonó un enorme crac que (estas cosas de la cabeza) aún no he dejado de escuchar en esos sueños de los que me despierto con el corazón apretado.

Como consecuencia de este vuelo, volé dos veces. Mi edad y la ausencia de AVE hicieron aconsejable llevarme a Madrid en avión —el primero que cogí en mi vida— y, además, colocar la camilla en la cabina del piloto. Fui todo el viaje hablando con él y debo decir que ni una sola vez me preguntó si me gustaban las películas de romanos.

El lector estará preguntándose por qué cuento esto.

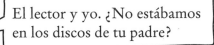

El lector y yo. ¿No estábamos en los discos de tu padre?

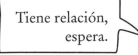

Tiene relación, espera.

Lo cuento porque siempre he pensado que esa rotura, ese *snap* en mi fémur, fue clave para aquello que vendría después.

George Lucas cuenta que durante toda su infancia quiso ser piloto de coches, de aviones, de lo que fuera, pero un accidente a los dieciocho años, que acabó con su coche destrozado contra un árbol, le hizo replantearse las cosas. Durante el tiempo que pasó en el hospital, empezó a forjarse en su mente la idea de contar la historia, precisamente, de un piloto, de naves espaciales en este caso.

Cuando veo la escena de *Una nueva esperanza* en la que Luke Skywalker juega, tumbado en la cama, a hacer volar una nave de juguete con la mano, entiendo cómo todo autor, hasta el más aparentemente comercial, se deja parte de su vida en cada obra.

El niño Arturo y su fémur tuvieron que pasar un mes en el hospital. Su corta edad y su torpeza hacían poco aconsejable confiar en que, en casa, pudiera mantener el reposo necesario para que su pierna soldase, así que le colgaron del tobillo como a un jamón y lo sepultaron en una cama.

> Somos lo que hacemos
> con lo que hicieron con nosotros.
>
> JEAN-PAUL SARTRE

Mi padre nació zurdo, suponiendo que se nazca así. El caso es que, al empezar el colegio, los profesores comprobaron con horror que escribía con la mano izquierda. Digo con horror porque, en aquella época, se pensaba de manera honesta que tal desviación sólo podía venir de un problema neurológico terrible o, no descartemos, de la diabólica intervención de Satanás para tratar de robarse el alma de ese niño.

Ojalá esta última línea fuese una exageración, pero de verdad era una de las posibilidades que se barajaba seriamente. Durante sus primeros años de escuela, a mi padre le ataron la mano izquierda a la espalda para forzarle a escribir con la que no era siniestra. Cuando fue cogiendo la costumbre, le liberaron la mano, aunque le daban fuerte con la regla si, por intuición, se le ocurría ponerse a escribir con ella.

En aquel momento nadie veía nada malo en esa acción, ni mis abuelos ni los profesores ni, desde luego, mi padre. Es más, en casa se elogiaba continuamente la cuidada atención de ese colegio y el desvelo que estaban poniendo para librar a Arturito de las garras de la condenación eterna.

Sólo muchos años después mi padre, que había ido evolucionando en la dirección en la que la vida evolucionaba, descubrió lo malo y terrible que era aquello que le hicieron. Pero eso fue después, de mayor, siendo ya mi padre habitante de otro mundo. El día que me lo contó yo le animé a escribir con la izquierda pensando, como el imbécil que soy, que aquello liberaría el trauma de su infancia y le ayudaría a reencontrarse con el niño que no le dejaron ser. El resultado, en realidad, es que mi padre hizo tres líneas de garabatos ilegibles en un folio y empezó a quejarse de lo mucho que le dolía la muñeca izquierda de forzarla.

Cuando mi padre se estaba muriendo, le agarré la mano para intentar consolarle. Él, instintivamente, la cambió y me dio la izquierda.

Me acordé de aquel viejo chiste, saben, es la historia
de aquel tipo que va al psiquiatra y le dice: «Doctor,
mi hermano está loco. Se cree una gallina». Y el doctor
le responde: «Pues que lo encierren». Y el hermano
contesta: «Lo haría, pero es que necesito los huevos».
Pues bien, así es, poco más o menos, como suelo
ver las relaciones entre la gente. ¿Saben?
Son completamente irracionales, locas y absurdas;
pero creo que las mantenemos porque…
la mayoría de nosotros necesitamos los huevos.

WOODY ALLEN, *Annie Hall*

Cuenta la leyenda que el padre de Arturito se sentía culpable por aquella caída, la culpabilidad es así de gratis. Al fin y al cabo, él había fomentado aquellas escaladas por la pared y aquellos saltos de fe a sus brazos, siempre bajo su supervisión, siempre con mucho cuidado, pero la culpa es así de traidora: no necesita ni siquiera de hechos objetivos para comenzar a dar mordisquitos a un corazón.

Y, como consecuencia de su culpa, porque esta tizna cuando estalla, mi padre vaciaba todos los quioscos de alrededor del hospital para traerme lecturas, tebeos, sobre todo, teniendo en cuenta que tenía cinco años. Mi madre me contaba cómo esperaba a que llegara mi padre con nuevo material mientras releía incansablemente los tebeos del día anterior, buscando detalles de perros fumando en las viñetas de Ibáñez, tratando de aprenderme de memoria una sección del *DDT* que se llamaba «Diálogo de besugos», que consistía, precisamente, en una charla que no tenía sentido y a la que yo necesitaba encontrárselo. Paso a paso, poco a poco, con muchos sinsentidos, iba formándose la mente del imbécil que escribe este libro.

Un día mi padre fracasó en su intento de comprarme más tebeos de *Mortadelo*, probablemente porque yo los leía a mayor velocidad de la que esos tipos con apellidos de profesor (Ibáñez, Vázquez, Peñarroya) eran capaces de generarlos en sus celdas, porque apareció con algo que, desde la portada, era diferente a los *Sacarino*, *DDT* y *Mortadelo* habituales. Una portada de *Vértice* en la que Spider-man («El hombre araña», aclaraba debajo) aparecía en una postura arácnida apoyado sobre su propio logo mientras, muy lejos, detrás, un viejo alado se acercaba por su espalda con claras intenciones de matarle.

Mi madre recordaba cómo aquello fue una mutación en mis ojos, cómo dejé de lado el montón de tebeos para releer una y otra vez ese cómic mientras mi padre buscaba por todos los quioscos del Madrid de 1975, que no lo ponía fácil, más de esos. Lo más sorprendente es que de la sucesión de varios fracasos, nació parte de la persona que soy ahora: de mi fracaso personal, de mi incapacidad para pegarme a las paredes, nació mi pasión por Spider-man. Y, gracias a él, rompo a leer.

Hace frío en el *scriptorium*, me duele el pulgar.
Dejo este texto, no sé para quién, este texto,
que ya no sé de qué habla: *stat rosa pristina nomine,*
nomina nuda tenemus.

ADSO DE MELK, en *El nombre de la rosa*

El tercer acontecimiento que hacía a mi familia salir de Ciudad Lineal, el barrio exterior donde vivíamos (exterior en aquel momento en que pasar al otro lado de la M-30 se consideraba una excepción) para viajar al Corte Inglés de Goya era que Forges sacase tomo. Salían cada cierto tiempo sin avisar y, desde luego, sin la ultrainformación que tenemos hoy. Así que, normalmente, mi padre llegaba un día a casa anunciando que había visto el 3 o el 4 en el escaparate y eso, inmediatamente, activaba la operación.

Eran tomos gordos, recopilatorios de todo lo que Antonio Fraguas había hecho en ese tiempo, y en casa era una fiesta sentarse a leerlos mientras mirábamos los dibujos. Era un acto familiar, pero para mí era todo lo que me gustaba: el formato de cómic con un humor que, a veces, si se ponía demasiado político, no entendía, pero me bastaba con ver esos dibujos llenos de detalles. Así que, por la noche, me lo llevaba a la cama para poder verlo más tranquilo.

Hablemos bien de Franco un poco, para que en este libro no quede nadie sin ofenderse. Como digo, había roto a leer y, una vez más, mi alimentación dependía de lo que hubiera en casa. Mi selección de contenido, como con los discos, dependía de que el libro estuviera en el salón de las visitas o no. El gobierno de Franco había sacado una colección de clásicos, por supuesto, convenientemente depurados para que no fueran de los subversivos, a un precio ridículo. Era la colección RTV, una encuadernación que se desmigaba con mirarlo y un papel que era más propio de envolver chuletas. Pero ahí estaban, en mi casa, en muchas casas de España en ese momento. Y yo, que empezaba a demostrar que soy capaz de obsesionarme con todo, había decidido leerme todos los que mis padres habían comprado, como había hecho hasta el momento, sin orden lógico, sin criterio, simplemente porque uno era el que seguía al otro en la librería. Así me leí *La tía Tula*, creo que con siete años, sin entender obviamente nada de lo que decían, pero sí entendí la tristeza que tenían sus páginas. Luego, *La señorita de Trévelez*, de Arniches, que, siendo una comedia y casi una parodia de la propia *Tía Tula*, me pareció infinitamente más triste todavía. Fueron desfilando *Los viajes de Gulliver*, el *Trafalgar* de Pérez Galdós, *La isla del tesoro* (uno de los libros que más miedo me han dado junto con *Las aventuras de Tom Sawyer*, igual que me lo dio la película de Disney con la escena del barril de manzanas).

Cuando íbamos de visita a casa de algún tío o algún amigo de mis padres, a mi madre le encantaba hacer un número de ilusionismo que siempre funcionaba. Normalmente el anfitrión ofrecía algún juego o algún juguete (un balón, un Cinexin, una oca, lo que hubiera) para que los niños nos entretuviéramos mientras los mayores hablaban de cosas de mayores. Era lo que mi madre esperaba para ponerse la chistera de maga y hacer su número estrella:

—A Arturito no, a Arturito sácale un tebeo o un libro y ya verás como no hay niño.

¡Y abracadabra! A Arturito le daban cualquiera de las dos cosas y desaparecía de la ecuación, de la casa, del mundo. Los demás niños corrían, gritaban, se pegaban y eructaban; Arturito buscaba un rincón en el suelo en el que cupiera con las piernas cruzadas, abría el libro y hasta que lo despertaba su madre Caligari sólo para decirle:

—Ponte el abrigo y dale las gracias a estos señores, que nos vamos.

Así se iban acumulando lecturas a las que ya tenía en casa, mientras se iban añadiendo números de RTV sin orden ni concierto: *La Celestina*, una antología de Bécquer, *El perro de los Baskerville*, *El retrato de Dorian Gray*, *El jugador*, de Dostoyevski. *Eloísa está debajo de un almendro*, de Jardiel, me colocó el absurdo delante por primera vez, pero sorprendentemente, la historia más absurda que cuenta era cotidiana para mí.

El día en que enviudó, después de cincuenta años trabajando y criando a diez hijos, mi abuelo anunció que se iba a acostar y que no pensaba levantarse de la cama. Por supuesto, al principio sus hijos hicieron chufla de ello. Mucho sueño para un adulto, ya se aburrirá. Pero los días pasaban y mi abuelo no se levantaba de la cama. No estaba enfermo, no tenía nada, pero había decidido que ya estaba y ahí siguió.

A la semana dejó de hacer gracia; al mes empezó a preocupar. Llamaron a psicólogos, le hicieron mil pruebas médicas, pero no tenía nada salvo ganas de estar en la cama. A los dos meses, sus hijos empezaron a organizar guardias para que siempre hubiera alguien con él. Cada uno de los diez hijos trató de razonar con él, que no era lógico, estando perfectamente de salud, que sólo saliera de la cama para ir al baño. Mi abuelo escuchaba, encogía los hombros y pedía la merienda.

A los pocos meses empezaron los problemas físicos: pústulas, pérdida de movimiento, dificultades en el riego. Los hijos se enfrentaron a él, ahora sin paños calientes. Se estaba matando en vida y eso no lo pensaban consentir. Mi abuelo se limitó a anunciar que las piernas le iban fallando y que dejaría de levantarse para ir al baño, que comprasen una buena cuña.

Yo conocí a mi abuelo en la cama y así fue siempre que iba a verle hasta que murió. Estuvo casi siete años acostado hasta que el cuerpo lo mató de inactividad. Por eso, cuando leí *Eloísa está debajo de un almendro*, me sentí como en familia en esa situación. Durante toda mi vida la hemos contado entre risas como la historia del hombre más vago del mundo.

Muchos años después, un día, porque las cosas existen de repente un día, empecé a oír hablar de la fibromialgia. Otro día conocí de manera muy cercana lo que la depresión podía hacerle a una persona. No la depresión del: «Estás triste, pues no estés triste». La médica, la diagnosticada, la que te destruye. Entonces, de repente, la divertida historia de mi abuelo «el acostado» dejó de ser absurda y se convirtió, ya ves, en terriblemente triste.

Dejo aquí una lista de esos libros que estaban a mi alcance. Todos los leí, no todos los abarqué.

- *Vuelva usted mañana*, Larra
- *La busca*, Baroja
- *Las penas del joven Werther*, Goethe
- *Las aventuras de Tom Sawyer*, Twain
- *Los intereses creados*, Benavente
- *Canción de Navidad* y *El grillo del hogar*, Dickens
- *El retrato de Dorian Gray*, Wilde
- *El Lazarillo de Tormes*
- *El perro de los Baskerville*, Doyle
- *La Celestina*, Rojas
- *2001: Una odisea espacial*, Clarke
- «Cantar de Mio Cid»
- *Últimas tardes con Teresa*, Marsé
- *La tía Tula*, Unamuno
- *El jugador*, Dostoyevski
- *Novelas ejemplares*, Miguel de Cervantes
- *Fortunata y Jacinta*, Benito Pérez Galdós
- *Robinson Crusoe*, Defoe
- *Sonata de primavera*, Valle-Inclán
- *Fuenteovejuna*, Lope de Vega
- *Enigmas de la sexualidad*, Willy y Jamont
- *Archipiélago Gulag*, Solzhenitsyn

Algo curioso que me ocurrió en mi consumo voraz de libros es que empecé a preferir, de los pocos que había, libros escritos por mujeres. Me bebí el *Frankenstein* de Mary Shelley, el *Orgullo y prejuicio* de Jane Austen, el *Nada* de Carmen Laforet y el *Cumbres Borrascosas* de Emily Brontë. Puede sonar a bienquedismo o a presentismo, pero fue así. Al analizarlo *a posteriori*, creo que me fascinaba encontrar una visión del mundo diferente a la mía. La mujer (ya hablaré de ellas) era un ser desconocido para mí más allá de mis familiares, las vecinas y las que salían en *Benny Hill*.

Como veis, las referencias eran *regu*. Las mujeres que escribían estos libros parecían de otra especie, nada que ver con la imagen que se me decía que debía tener de ellas. El libro que me enseñó a romper la mente y descreer todo lo aprendido lo escribió una mujer que hablaba de un emperador romano, pero eso ya llegará.

> Kirk se equivocaba al decir que yo no sabía cuándo terminaba un guion y cuando empezaba la vida; un guion ha de tener lógica, la vida no la tiene.

HUMPHREY BOGART, en *La condesa descalza*

El número de magia de mi madre fascinaba a los amigos, quienes normalmente insistían en que me llevase el libro que había empezado a leer en su casa. Esto empezaba a confirmar entre los que me rodeaban algo que tendría que aprender a aceptar: era un niño raro.

Debo confesar que llegaba a ser preocupante y tengo que corroborarlo con esto que me pasó en casa de unos amigos de mis padres.

El libro elegido esta vez por la anfitriona para que mi madre, una vez más, triunfase como ilusionista era uno especialmente gordo. En esa casa, al parecer, no eran muy aficionados al tema letras juntas y, básicamente, tenían de esos libros al peso para rellenar estanterías que se llamaban *Misterios de la naturaleza*, *Mundo fascinante* o *Países africanos*. Afortunadamente, después de un rato de búsqueda, encontraron uno lo bastante gordo como para asegurar mi coma lector si se alargaba la visita. Sin saber lo que hacía, volví a sentarme en un rincón con las piernas cruzadas, me salté lo que parecía una introducción y leí la primera línea:

—«En un agujero en el suelo vivía un hobbit...».

(Debo decirte, querido lector, para que en algo te compense haberte comprado este libro, que la historia que viene a continuación no la he contado jamás. Ni mi hermana, que aún era un bebé cuando pasó, la conoce. Al principio no la contaba por pudor. Luego, un día, decidí que era tan buena que elegiría el momento de hacerlo. Aquí está):

—«… No un agujero húmedo, sucio, repugnante, con restos de gusanos y olor a fango, ni tampoco un agujero seco…».

La visita, para mi bendición, se estaba alargando y yo era feliz leyendo eso que tan poco se parecía a las historias que leía en casa, así que permanecí en mi ostra de niño raro incluso cuando la anfitriona anunció la merienda. Hasta conseguí que me dejasen el vaso de chocolate caliente y el bollito de Viena al lado de donde estaba leyendo. Al rato, el chocolate empezó a rugir en mi interior como Smaug y tuve miedo. Miedo de que, si levantaba los ojos de esa historia, mis padres pensasen que me estaba aburriendo y decidieran terminar la visita; miedo de que cualquier movimiento que no fuera el de mis ojos me separase de Bilbo, así que decidí hacerme caca encima. No porque fuera pequeño (ya dominaba mis esfínteres), simplemente por no salir de la cueva en la que Gollum comía pescados crudos.

Y ahí me quedé. La puerta del cuarto, afortunadamente, estaba cerrada, por lo que la alarma del mal olor no llegaba al salón en el que mis padres y sus amigos fumaban como se fumaba en los setenta, ayudando a mi camuflaje. Permanecí con aquello encima, apurando las páginas lo más rápido posible hasta que escuché a mi madre decir:

—Nos vamos a ir yendo, que es tarde.

Entonces, simplemente, asumí la bronca. Pensé que un padre o una madre podía resistir echándote la bronca un máximo de veinte minutos y que me compensaba aguantarlos antes que dejar el libro.

Al llegar mis padres a recogerme al cuarto, percibieron el desastre, pero nadie dijo nada. Creo que mi madre debió de pensar que se le estaba yendo la mano con el truco y se sintió algo culpable por ello. No hubo bronca, me llevaron al baño, me limpiaron, me dieron ropa limpia y ya. El amigo de mi padre, eso sí, dijo una frase maravillosa antes de irnos:

—El libro llévatelo, que parece que te estaba gustando.

El niño rarito había ganado.

Shhh… No diga nada. En esta habitación sobra
una persona y creo que es usted.

Groucho Marx, en *Sopa de ganso*

Tengo diez años y voy en el coche de mi tío. Volvemos de San
Martín de Valdeiglesias, donde mi tío tiene una casa y mi padre
se empeña en que yo vaya los fines de semana para que me dé el
aire y disfrute del campo. No he disfrutado del campo en mi vida,
soy tan urbanita que, ya desde pequeño, aplaudía por dentro cuando, después de cualquier viaje, veía el primer semáforo.

Pero ni tengo edad para elegir ni carácter para protestar, así que
me paso los fines de semana en el trozo de campo que hay enfrente de la casa de mis tíos mirando fijo a la ventana del vecino donde se ve una tele o leyendo, una actividad que, os lo aseguro, yo
hacía mejor en mi casa que cerca de un corral de gallinas.

Vuelvo, como decía, en el coche a mi casa. Hay atasco, concretamente el atasco de todos los domingos por la tarde que siempre
llega precedido de la frase de mi tío:

—Yo creo que hoy no va a haber mucho atasco porque mira
qué poquita gente hay por el pueblo.

No era sólo cosa de mi tío olvidar que unas mil localidades
diferentes que sí podían tener gente iban a coger la misma carretera. El ser humano tiene una capacidad inmensa para reducir las
dudas a lo que somos capaces de asimilar. Nuestra mente es el
Pedro Ximénez del conocimiento. Por lo que sea, el atasco es el de
siempre.

Mi tío mantiene las ventanas del coche cerradas porque ale-
ga que se gasta muchísima gasolina si se abren. Puede que tenga
razón, pero es agosto y estamos parados. Por si fuera poco, nos

impide hablar a mis primos y a mí porque, al estar las ventanas cerradas, si hablamos los cristales acabarían empañándose, y esto obligaría a abrir las ventanas con la consecuente pérdida de capital energético y... ¡Que te calles ya, puto niño!

Tampoco nos está permitido leer ni jugar por un justificadísimo miedo a que nos mareemos y haya, Dios no lo quiera, que bajar las ventanillas.

Había, por lo tanto, sólo dos maneras de pasar el tiempo: mirando por la ventanilla las caras de cabreados en los otros coches que nos acompañaban porque estaban seguros de que hoy no habría atasco, o escuchar a Héctor del Mar narrando a tope los partidos de ese domingo. A Héctor se le permitía no sólo hablar, sino incluso gritar fuerte por esa ventaja absurda de no expulsar su aliento dentro del sacrosanto interior del coche.

Escribo esto para que veáis cómo es la mente y, en este caso, la mía. Cuando llegábamos a Madrid y yo aplaudía por dentro el primer semáforo frente al metro de Moncloa, mi cabeza había recibido como único alimento resultados, goles, penaltis y Molinones. Sin embargo, si cuando llegaba a casa me preguntabas si el Madrid había ganado, era incapaz de saberlo. La mente es así. La memoria es selectiva. Recuerdo los miles de veces que alguien me preguntaba cómo era posible que conociera los repartos o directores de tantas películas cuando a mí lo que me fascinaba es que fueran capaces de aprenderse las alineaciones de todos los equipos y si Josefito era delantero centro o exterior derecha o entreplanta.

Si cuento esto no es para meterme con los fans del fútbol, porque entonces estaría haciendo lo que durante años han hecho los idiotas con los fans de otras cosas que no fueran las que les gustaba a ellos. Siempre he defendido que el hecho de que no te guste algo, no implica odiarlo. No me gusta el dulce, pero me manifestaría si prohibiesen las pastelerías. Lo cuento más bien para dejar claro que tenía, tengo, una mente obsesiva y raruna. En un mundo en el que los domingos sólo existía el fútbol, en la radio, en la tele, en la vida, mi mente buscaba lugares donde esconderse y pensaba en las cosas que de verdad le gustaban.

Por eso, probablemente, ese niño encerrado en el coche sabe un montón de cosas absurdas e innecesarias. Porque había un tercer entretenimiento dentro de ese coche/celda. Como al principio de la novela de *Hannibal*, de Thomas Harris, cuando hace un recorrido por la mente del doctor Lecter dividida en las habitaciones de una gran mansión, yo cerraba la cancela de mi mente y paseaba por una chabola que había construido buscando respuestas a algunas cosas que me interesaban. Este podría ser un terrorífico paseo por la mente de ese niño encerrado y muteado (con pe):

¿En qué posición hará pis el barón Ashler?

¿Por qué hay señores calvos que se hacen una manta de pelo sobrante para tapar una calva que todos ven mientras ellos piensan que no? ¿A quién pretenden engañar, a Dios?

¿Por qué Pluto no se llevaba bien con la foca blanca? ¿Hay algo más parecido a un perro que una foca? ¿No son las focas perros sirena?

Por qué hay que poner el signo de interrogación al principio de la frase?

Si Popeye se hace fuerte con las espinacas, ¿por qué puede reventar la lata antes de comérsela?

¿Por qué hacen piscinas que cubren? Si alguien quiere nadar, sólo tiene que separar los pies del suelo; si alguien quiere bucear, no necesariamente tiene que hacerlo hacia abajo. ¿Es simplemente porque las piscinas son un mar acomplejado y lo copiamos hasta en lo malo? Bien mirado, el mar es una redundancia.

¿Alguien sabe el nombre de pila del abuelo de Heidi?

¿Por qué un volcán entra en erupción y no en erucción si parece que eructa?

¿Si «andó» es «anduvo», por qué «ardió» no es «arduvo»?

¿Puede haber cosas que te encanten sin necesidad de entenderlas? Porque a mí me encanta el «Mediterráneo» de Serrat y no tengo ni idea de lo que es la genista.

¿Qué clase de nombre es Maguila? Nadie en el mundo se llama Maguila, se lo han puesto sólo porque rima con Gorila.

¿Qué es lo que me perturba tanto cuando me encuentro a un profesor por la calle, fuera de clase, paseando con su mujer y sus hijos? ¿Era normal sentir que esas personas sólo existían cuando yo llegaba a clase y se desvanecían como por un chasquido de Thanos al acabar el cole?

Y sobre todo: ¡Es un erizo, por Dios! ¡Pues claro que se pone pijama para dormir! ¿¿¿No ves que si no rasgaría las sábanas???

Me pasaba algo parecido cuando pasábamos por los pueblos con el coche. Como urbanita idiota, me daba la impresión de que eran decorados que ponían para que yo los viera, y que incluso que esos señores de allí, en cuanto pasábamos, se quitaban la boina y el chaleco y pedían su sueldo a… yo qué sé… ¿¿¿a Dios??? Imposible, Dios estaba detectando calvos.

Varias cosas, de las que nadie tenía la culpa, me separaban del deporte. Por un lado, mi madre no olvidaba que nací con la cabeza abierta y creo que no se fiaba mucho de que los huesos de potro me la hubieran cerrado del todo. Por otro, mi pierna rota y los pies planos me forzaban a llevar unos zapatones de monstruo de Frankenstein con herradura en la punta que podía matar a un niño si le daba mal.

Aun así, tuve una carrera deportiva regadita, como es de esperar, de triunfantes fracasos.

Tengo nueve años soy el sobrepeso lustroso de Jack, un sobrepeso que mi madre exhibe ante sus amigas con orgullo y satisfacción. Son los años de niño gordo/niño sano, de hombre/oso/hermoso, de: «Dale una copita de vino al niño, que se pone muy gracioso».

Mis padres, como todos los padres, no se plantean que mis michelines no sean otra cosa aparte de muy graciosos cuando salto y, por supuesto, algo que tiene que ver con mi constitución física, nada relacionado con los platos de sopa en los que el caldo forma una pequeña costa rodeando una montaña enorme de arroz que parece a punto de entrar en erupción, o de *erucción*, vete a saber.

Como decía, nadie a mi alrededor se plantea que, quizá, comer más sano pudiera ayudar a mi estado físico. Como mucho, piensan que algo de deporte podría equilibrar los platos de huevos fritos con morcilla de cada noche justo antes de acostarme mientras escucho como una salmodia: «Come pan, que no estás comiendo nada de pan».

Pero aquí surge otro problema. En los setenta no existe ningún deporte que no sea el fútbol que no se considere sospechoso de ser cosa de «moñas». Se podía seguir el ciclismo, pero sólo servía para echar la siesta en verano y para alegrarse si ganaba un español, pero que no te encontrases un pelotón por la carretera, que se ganaba que el coche le pasara a dos milímetros. Ya hablaré del fútbol, pero el ciclismo es de *mataos*. Correr (hacer footing): de locos (aquella escena de *Novio a la vista,* de Berlanga, en la que un hombre se pone a correr en la playa y dos mujeres susurran: «Mira, Julia, ¡un suicida!»). El baloncesto era cosa de pijos y de americanos; aquí tolerábamos verlo en las películas y en los dibujos animados de los Harlem Globetrotters.

Dentro de los deportes que un niño decente y presuntamente hetero podía practicar estaban el yudo o el kárate. Entre las películas de Bruce Lee y sus casi Lee (Bruce Li, Bruce Le, Bruce Ly, Dragon Lee...) y la serie de kung fu, la cosa del quimono había conseguido cierta relevancia entre, básicamente, los más macarras del barrio, pero yo no descartaba a esa edad convertirme en un macarra. Quedaban años para que empezasen a calar las filosofías orientales; el chi kung, el qi gong o el tao eran cosas demasiado poco cristianas como para que las impartiesen los dueños, también macarras, de los gimnasios. Así que la cosa se reducía a «aprender a dar hostias»; eso y manejar los nunchakus sin dejarte las gafas en ello.

Mi primer día en clase de yudo me pusieron un quimono y un compañero, también candidato a macarra, y me enseñaron una llave básica que debía entrenar con él. Nos pusimos a ello, yo le agarré de las solapas del quimono, puse la pierna como me habían dicho y el tipo cayó al suelo. Aquello no le sentó bien, se levantó y, de dos empujones españoles, me estampó contra las espalderas haciéndome un huevo en la coronilla. Fue, al mismo tiempo, el final de mi carrera como yudoca.

¡Ardilla!

DUG, en *UP*

Quedaba la natación. Y me apunté. Y debo decir que brillé en su desempeño, era un pequeño Esther Williams por cómo me movía en el agua y un enorme Johnny Weissmüller por la velocidad que alcanzaba. Curiosamente Tarzán fue el culpable de que hoy no estéis leyendo el libro de un titán de la natación porque, justo a la hora de mis clases en la piscina, estrenaron una serie de dibujos del personaje que me flipó. La recordarán los más viejunos y los que tengan Google pueden verla. Y empezaron las excusas para no ir a las clases de braza y crawl. Por si fuera poco, llegaron a sacar un bollito. Hijos de puta.

Cada tarde, en lugar de hacer largos en la piscina, merendaba un bollito delante de la tele viendo a Tarzán. No se me ocurre un mayor fracaso deportivo. Mayor éxito de lo que he acabado siendo, tampoco.

Veía en la tele lo que ponían; ahí no había nada *random*, tenía pocas opciones: eran dos canales con una única oportunidad de ver las cosas. Mis padres eran absolutamente estrictos en el consumo televisivo y todo lo que no fuera programación infantil me estaba vedado, así que básicamente veía dibujos animados y programas infantiles como *La casa del reloj* o *Los Chiripitifláuticos*. Recuerdo perfectamente el primer día que vi a Los Payasos de la Tele y flipé muy fuerte con eso. No me gustaban los números circenses porque no me iba el circo, pero tenían una sección que se llamaba «La aventura» en la que cada semana vivían una peripecia que me volvía loco. Creo que ahí fue la primera vez que comprendí el concepto de parodia. Una de esas aventuras se llamaba «Curro Pitierrez» y era una versión en la que Miliki hacía de Curro Jiménez, de la serie que lo estaba petando en aquel momento y que yo no veía (salían tetas), pero la conocía por los adelantos que ponían en los intermedios de los dibujos animados.

De todas las series que daban, sentía especial euforia por tres. Una de ellas era la de los *Looney Tunes*, aunque para un niño (para los demás niños) todos eran «dibujitos», yo era capaz de distinguir entre los más insulsos de Hanna Barbera como *Pixie y Dixie* (salvada aquí por el doblaje andaluz del gato Jinks), *El oso Yogui* o *Maguila Gorila*. Si los echaban los veía, por supuesto, pero no había emoción salvo que fueran *Los Picapiedra*. Con *Looney Tunes*, sin embargo, no podía parar de mirar. Había en ellos una locura, un concepto salvaje, rompedor para los que veíamos *Heidi* y *Marco*, que a veces me parecía inconcebible que no tuvieran dos rombos. Creo que pensaba que, por el hecho de ser dibujos, los mayores no se daban cuenta de lo que de verdad escondían y eso me hacía verlos aún con mayor fascinación. Aquellas persecuciones, aquellos porrazos, aquel Bugs vestido de mujer besando a Elmer… Creo que no ha habido nada más subversivo ni más fascinante que los lobos de Tex Avery o los andares megalomaníacos de Marvin el Marciano.

La segunda que me fascinaba era *La pantera rosa*. No sólo porque su show empezaba con el coche más molón de la historia y la magia de que, tanto la pantera como el inspector Clouseau se metían en él siendo dibujos animados, sino porque creo que fue el primer personaje cínico, indiferente, que amé en mi vida. Su manera de afrontar las cosas, de asumir el mundo absurdo que lo rodeaba con un grácil movimiento de culo, la forma en la que pasaba de la voz en off que le recordaba todo el tiempo cómo debía ser para hacer las cosas bien. Creo que «Pink Phink», el episodio en el que un operario trata de pintar una casa de azul mientras ella se empeña en pintarla de rosa, es de los recuerdos más vivos que tengo de mi infancia. Si estás leyendo esto y eres psicólog@, te agradeceré que me expliques por qué.

> Empiezas tirando de un hilo, de ese hilo sacas
> un cordel... Luego, de ese cordel, te sale una soga...
> hasta que terminas colgado de ella.

Maxine Cooper, El beso mortal

Algo, además, me pasaba con estas dos series, porque todo está mezclado: me encantaba la música que utilizaban. Recuerdo aprenderme en un solo pase el estribillo de una que se llamaba «Smile, Darn Ya, Smile!» y cantarlo obsesivamente. Ahora quiero que imaginéis mi cara cuando, años después, una de las películas de mi vida, *¿Quién engañó a Roger Rabitt?*, acababa con todos los habitantes de Dibuliwood cantando «Smile, Darn Ya, Smile!». Me pasaba igual con el tema de *La pantera rosa*; me daba igual que lo pusieran de manera constante durante todo el episodio, no podía dejar de oírlo. Me fijé en el nombre del tío que hacía la música en los títulos de crédito, Henry Mancini, y su nombre me sonó a un disco de los que tenía mi padre. Lo busqué, se llamaba *El jazz de Henry Mancini*. O sea, que esa música se llama jazz, como lo que dicen en el disco de *Los Aristogatos*: «Todos quieren ser ya gato jazz». Me flipaba ese disco y especialmente esa canción. Me pasaba lo mismo con otro disco que me habían comprado mis padres y que yo escuchaba de forma obsesiva: *El libro de la selva*. En ambos casos había un momento en las canciones que me provocaba un *shock* mental; parecía como que se iban de la melodía, como que las notas que debían estar ahí cambiaban por otras que, sin embargo, molaban también. En mi cabeza tiene lógica y, de hecho, así es como explico el jazz cada vez que convenzo a alguien de me acompañe a un concierto.

Es muy difícil explicar por qué te gusta el jazz. Hay algo casi mágico en esos conciertos. La sensación de que cada nota cuenta. De que las melodías, como la vida, empiezan simples y van haciéndose complejas según avanza.

Ver cómo cada músico suma una idea a las de los otros hasta que, de todas, surge algo completamente nuevo que ninguno de ellos predijo y, también, como en la vida, al final se vuelve a lo más básico para terminar. Pero el camino ha sido lo verdaderamente nutritivo. Es un tópico decir que el jazz no se puede explicar, que se siente o no, pero lo mismo es así realmente.

Cada uno tiene sus discos míticos, los que se pone en esos raros momentos en que alcanza la placidez interior y logra borrar de la cabeza a los curris de *Fraggel Rock* que aparecen para recordarle las cosas por hacer. Y, entonces, la soledad se convierte en una plácida quietud.

Para mí, uno de esos es *Sunday at the Village Vanguard*, de Bill Evans (1961). No sé si será el mejor de sus discos para los expertos, pero a mí me unen lazos con él que no me van a convencer de otra cosa, igual que nadie convence a una madre de que su niño no es el más bonito del mundo por mucho que a este apetezca comprarle un chalet en Mordor.

Es un mecanismo interno muy absurdo de mi cabeza, pero estuve en el Village Vanguard viendo un delicioso concierto de jazz y, desde entonces, cada disco que tiene de subtítulo «At the Village Vanguard» tiene para mí un valor añadido. Este de Bill Evans es, además, un disco que me cura el alma de tal manera que lo guardo en el botiquín junto al Betadine.

Tantas veces lo he escuchado, tan de memoria me lo sé, que conozco cada uno de los sonidos extramusicales del disco: lo que duran los aplausos entre los temas, cuando se ríe alguien, el chocar de unos vasos que van en una bandeja a la mesa siete.

Si cierro los ojos puedo ver el local, le pongo cara a las personas que ese domingo 25 de junio de 1961 vivieron en directo una experiencia que para mí fue histórica.

Escucho los momentos en los que el trío alcanza el entendimiento perfecto entre ellos y, de repente, un tramo del tema que está sonando se convierte en un diálogo de notas. Veo perfectamente cómo Scott LaFaro hace feliz el solo de bajo de *Alice In Wonderland* punteado por Evans sólo para darle ánimos, y cómo Paul Motian tocaba la batería como afirmando cada nota.

No podían saber que era la última vez que tocarían juntos, que sólo diez días después un accidente de coche mataría a LaFaro y convertiría esa grabación de una tarde de domingo en la última oportunidad de hacer esa magia.

Tampoco podían saberlo los que estaban allí de espectadores, quienes asistieron pensando de manera inconsciente que simplemente era un concierto más. Se escucha, durante el «My Man's Gone Now» en el que Bill Evans transmite toda la melancolía de esa obra maestra, una risa de mujer que, evidentemente, está más interesada en la charla que le da su acompañante que en seguir con atención la manera en que el piano parece tocar llagas en lugar de teclas para describir el amor imposible de Porgy and Bess.

Cada vez que llego a ese tema se me encoge el corazón, hasta que esa risa me corta el viaje. Juego a imaginarme a la chica cuando saliera, firmando con un simple: «Ha estado bien. Vamos a tomar algo, que tengo hambre». Su certificado de incapacidad para percibir que acababa de vivir un momento que, después, se convertiría en mítico para mí, que ni había nacido.

Y pienso en que a mí me ha pasado lo que a esta chica en mil ocasiones. Pienso en cuando vi *Hannah y sus hermanas*, más preocupado de las risas de mis amigotes de la adolescencia que en esa maravilla de diálogos. Salí del cine lanzando un tuit triunfal al aire, que era donde se lanzaban antes: «Woody molaba más antes, cuando hacía risa».

Mientras escribo suena, por supuesto, «Sunday at the Village Vanguard», de Bill Evans, y pienso en esa chica de la risa fuera de lugar; la imagino escuchando el disco años después, emocionada por la belleza de ese disco, sintiéndose privilegiada por haber estado en ese concierto histórico y, siempre que llega el «My Man's Gone Now», pensando: «¿Quién sería la imbécil esa que se ríe?».

LISTA DE DISCOS DE JAZZ

- *Sunday at Village Vanguard*, de Bill Evans
- *Ella And Louis*, de Ella Fitzgerald y Louis Armstrong
- *My One and Only Thrill*, de Melodi Gardot
- *Bitches Brew*, de Miles Davis

- *I Put a Spell on You*, de Nina Simone
- *Somethin' Else*, de Cannoball Aderley
- *Anatomía de un asesinato*, de Duke Ellington
- *Time Out*, de Dave Brubeck
- *Sarah Vaughan's Golden Hits*
- *Bird and Diz*, de Charlie Parker y Dizzy Gillespie
- *Kind of Blue*, de Miles Davis
- *Elis & Tom*, de Elis Regina y Tom Jobim
- *West Side Story* y *The Jazz Sessions*, de Oscar Peterson
- *The Look of Love*, de Diana Krall

(¿Hay más? Hay mil más).

La juventud de hoy ama el lujo. Es maleducada, desprecia la autoridad, no respeta a sus mayores y chismea mientras debería trabajar. Los jóvenes ya no se ponen de pie cuando los mayores entran al cuarto. Contradicen a sus padres, fanfarronean en la sociedad, devoran en la mesa los postres, cruzan las piernas y tiranizan a sus maestros.

SÓCRATES

La tercera serie de dibujos que me fascinó fue, y esta es más obvia, *Mazinger Z*. He contado demasiadas veces como para volver a hacerlo aquí la fascinación que sentí al verla y la frustración cuando los adultos, bloqueados por un contenido tan diferente a lo que ellos (en su cabeza de mundo que ya existe) asumían que debía de ser un contenido para niños, empezaron a protestar hasta que consiguieron que la quitaran y, un sábado, los niños nos encontramos a *Orzowei* donde debía haber puños. Cuento esto después de la historia de la foto en la que salgo fumando porque creo que es el perfecto ejemplo de que estas cosas llevan pasando toda la vida, que una generación siempre pone en entredicho a la siguiente o a la anterior. Yo no entendía cómo mis padres eran incapaces de programar el vídeo, que eran cuatro botones, y ahora no entiendo cómo mi sobrino puede jugar al *Fornite* tan deprisa mientras a mí me matan en cuanto caigo a tierra. Y siguen siendo cuatro botones.

Hay una edad en la que los mayores empiezan a echarte en cara que seas demasiado fantasioso. Unos tíos que te han contado historias de Reyes Magos y de ratones recaudadores de sarro, un día te piden que pongas los pies en el suelo. Te piden pisar sobre firme hasta que descubres que pocas cosas son más inestables que la realidad.

Es curioso cómo de mayores despreciamos el entretenimiento, pero en el momento en que tenemos cerca a un bebé, lo primero que intentamos es entretenerlo, hacerle reír, cantarle, poner caras absurdas, lo que sea por divertirlo.

La memoria es el talento de los tontos.

ALFONSO AZUARA

La nostalgia es una tramposa que juega con ventaja porque te hace idealizar situaciones y obras que ya han pasado, que ya se han resuelto, y te las enfrenta a otras que requieren de tu esfuerzo para afrontarlas. Por eso juega con ventaja, porque juzgar el presente es como juzgar una serie al segundo capítulo, y juzgar el futuro es jugar por jugar. La nostalgia es un tiempo que le regalamos al pasado y que robamos de nuestro presente.

El problema de la nostalgia es como verle la chorra a tu padre cuando eres pequeño. Para ti es la chorra más grande del mundo. Luego te duchas en un gimnasio y la chorra de tu padre adopta el tamaño que merece. Pero en aquel momento, virgen de contrastes, todas las cosas que ves y oyes son las mejores. El problema es seguir creyéndolo cuando conoces más cosas. Pensar que naciste justo en el momento en que se hicieron las mejores películas, canciones o personas sólo indica que no has sabido evolucionar o que, realmente, tu padre la tenía enorme.

No son ni mejores ni peores que las magdalenas de nadie. Ese bullying entre generaciones me fastidia. Los adultos abusan de que llevan más años aquí y, por supuesto, saben más cosas. Además, acusan una y otra vez a los jóvenes de «ahora» de ser tontos, superficiales, de que se entretienen de maneras absurdas y, lo que es peor, de no vivir como han vivido ellos. Los jóvenes aprovechan el territorio en el que son fuertes y se defienden creando su lenguaje propio y sus formas de entretenimiento. En el mundo que yo estaba creando no había épocas. Veía cine mudo por la tele; lo ponían de vez en cuando, creo que para cuadrar horarios, y, sin avisar, aparecían cortos de Chaplin, Fatty o Buster Keaton. A mí me fascinaban. Puede que convivir con la serie de *La pantera rosa* hiciera que no echara de menos que hablasen, y que ver las películas de Tarzán o de los Marx me normalizase el blanco y negro. Pero desde entonces me ha dado igual la fecha en la que se hayan hecho las cosas. Una vez entiendes que la obra es algo estático y que eres tú quien tiene que acoplarse a ella, comprendes que debes adaptarte a la manera en que se hacían cuando se crearon, que eres tú quien debe viajar en el tiempo.

Cuando leí *El buscón* y después el *Quijote*, aprendí a hacer el esfuerzo de entender el castellano que se hablaba entonces. Era la manera de disfrutar de ellas. No tiene sentido que visites las cuevas de Altamira enfadado porque los bisontes no tienen perspectiva caballera. Me compensó el intento. Son dos obras maestras del humor, del cinismo, del descreimiento en el ser humano y, por lo tanto, de la inteligencia. La parodia que hace Cervantes de aquellos que creen en mitos, en ideas heredadas, de aquellos que enloquecen con tal de no asumir su mundo hasta llenarlo de una épica inventada, es demoledora, magistral.

Pretender que una obra se adapte a lo que esperas sólo provoca que no la disfrutes. Sólo te perjudica a ti. En su época nadie confesaba que leía el *Quijote* porque era de risa, y no estaba bien visto leer libros de humor. A lo largo de la historia ha habido obras que han sido apreciadas después, que fueron despreciadas en su momento porque eran avanzadas a su tiempo. De *Blade Runner* se dijo: «Más parece en ocasiones un *spot* televisivo que una película hecha seriamente. Debería costar menos la entrada».

De *El resplandor*: «Es un fallo, un paréntesis en la excepcional carrera de Kubrick».

Con los libros también ha pasado. Alguien leyó *Por quién doblan las campanas* y dejó escrito: «Según un cálculo conservador, los lectores estadounidenses gastarán un millón de dólares en este libro. Por ese dinero recibirán solo 34 páginas que merezcan la pena».

Voltaire, al leer *Hamlet*, dijo: «Es vulgar y bárbara, la obra de un salvaje borracho».

Uno de los libros más importantes de mi vida, *Cien años de soledad*, provocó esta petición: «Esperemos que no genere cien años de novelas sobrescritas, demasiado largas y sobrevaloradas como esta».

Y *El señor de los anillos* encontró también sus *haters* ideológicos: «Tolkien confía demasiado sobre la importancia de su misión como conservacionista literario, tanto que resulta ser la muerte para la literatura misma».

Porque si no somos capaces de limpiarnos, de ir puros a una obra, vamos a ver lo que queremos ver. Un tipo escribía sobre *Frankenstein*: «El escritor de este libro es, entendemos, una mujer; esto es un agravante de lo que es el fallo principal de la novela. Aunque nuestra autora puede olvidar la dulzura de su sexo, nosotros no tenemos por qué hacer lo mismo; y, por lo tanto, descartaremos la novela sin más comentarios».

Y os reto a averiguar dónde y en qué época se publicó esta crítica sobre *Mi lucha*: «Un hombre sin duda con talento, que empezaba a despuntar para algo grande».

Reducir una obra a una opinión, a la de tu ombligo, al forro de tus deseos. Eso hizo alguien también con *Ana Karenina*: «Muéstrame una sola página que contenga una idea».

Alguien consideró necesario decirle a Renoir que «el torso de una mujer no es una masa de carne en descomposición, con violentas manchas verdes propias de un cadáver en completo estado de putrefacción». A Pablo Picasso, que sus pinturas eran «formas del inframundo», algo malévolo que no pertenecía a las galerías de arte. Y a Beethoven que su *Novena sinfonía* era «una progresión incomprensible de progresiones armónicas extrañas». Esta tropelía encuentra su explicación en la sordera del autor, comparándolo con «el pintor ciego tocando el lienzo al azar».

Cierro esta lista encubierta que me ha salido con una crítica del *Nevermind*, de Nirvana, para que quede claro que este mal es eterno: «Nirvana tiene poco o nada que decir, conformándose con divagaciones tontas del cantante y letrista Kurt Cobain».

No es que esté triste, carajo,
es que me acuerdo.

Joaquín Sabina

Jamás he entendido la expresión «Esta es de mi época», porque jamás he querido defender mi época frente a otra. La única manera de disfrutar de la música clásica, la zarzuela, Art Tatum, Eagles, Spandau Ballet, Blur o C. Tangana es olvidarse de enfrentarlos a lo que, en nuestra época, era normal y dejarse llevar por ellos. A pesar de eso, la nostalgia es inevitable, todos tenemos nuestra «Albanta», nuestro unicornio azul, nuestro botón sin ojal, aquel lugar más soñado que real en el que la pureza nos hacía sentirnos felices. Yo también tengo mis magdalenas de Proust, que probablemente no fueron así de mágicas, pero sí lo son en mi cabeza.

- Mi toalla de Goofy
- Mi álbum de cromos de *Mazinger Z*
- Las chapas de Coca-Cola de Superman, aquellas con el logo helado

- El Airgam Boy de el Zorro
- Mi disco de «Pipi y los piratas»
- La primera vez que vi *Barrio Sésamo*
- La música de *Los Aristogatos* y de *El libro de la selva*
- Mi colección de monedas de la revista *Don Miki*
- Mi primera camiseta del Coyote conseguida a base de mandar tapas de Yoplait
- Mi colección de *Oye/Mira* (unos tebeos que venían con una cinta de casete para leer y escuchar a la vez)
- El doblete de cine que hice con mis padres para ver, por la mañana, *El último vuelo del arca de Noé* y, por la tarde, *Superman II*

> Créanme: si un hombre no conoce la muerte,
> no conoce la vida.
>
> Lionel Barrymore, en *Gran Hotel*

Cuando se despertó, la radio estaba allí. Estaba la música, estaban los libros, estaba la tele y, todas las mañanas, estaba Luis del Olmo. Mi madre, ya lo he dicho, no era amante de la música, pero sí de que unas voces la acompañaran durante las tareas de casa. Yo escuchaba fascinado a ese señor sin entender ninguno de los temas de los que hablaba. Eran cosas de mayores, pero me enganchaba la idea de que alguien, hablándote desde un altavoz, pudiera resultar tan cercano. La voz de Luis era una voz más de la casa, como la de mi padre, mi vecina Antonia desde el patio o el canario que teníamos en la terraza. Si una mañana me despertaba y no estaba Luis del Olmo, primero en los programas *De costa a costa* y luego en *Protagonistas*, es que algo grave, realmente grave, estaba pasando. Ya digo que nada de lo que hablaba me interesaba, salvo cuando empezaba, un día a la semana, el «Debate sobre el estado de la Nación», en el que Tip y Coll, Mingote, Alfonso

Ussía, Chumy Chúmez, Gila y a veces Forges hacían chistes sobre la actualidad. Yo ya los conocía a todos y adoraba a Gila; sus discos eran de los que escuchaba hasta sabérmelos de memoria, repetía sus chistes, sus dejes, y trataba de entender cómo podía ser tan gracioso que un niño naciera sólo porque su madre había bajado a comprar. Para mí, ese momento era el *Endgame* radiofónico más impresionante, la reunión de talento más imposible que un oído podía escuchar. Lo echaban, en un mundo sin grabaciones, los jueves mientras yo estaba en el cole, pero lo repetían los sábados y pronto se convirtió en un momento de comunión con mi madre, como leer los Forges lo era con mi padre. Entendí que la radio es el calorcito del fuego sagrado de la costumbre. Que te haces a esas voces, a esas maneras de contar y, al contrario que la televisión, que ponías cuando ya no tenías otras cosas que hacer, la radio marcaba tus costumbres.

Pronto los días se me fueron quedando cortos para hacer todo lo que me gustaba. El colegio, los deberes y esas cosas sólo eran impedimentos para lo que realmente me hacía feliz, así que empecé a robarle horas a la noche. Me metía debajo de la manta con una linterna como un Bastian más para poder acabar el libro que me tenía enganchado o me hacía con un auricular de un único oído, lo que había antes del walkman, para escuchar la radio de noche.

La tele me gustaba, pero había una cosa que no soportaba: el telediario. Con siete años me costaba muchísimo entender que, existiendo *Un globo, dos globos, tres globos*, *Sabadabada* y *El show de Porky*, los mayores me hicieran callar ante una bola del mundo mal hecha y un señor con corbata que hablaba serio y seco.

Estamos cenando mi cena favorita: croquetas de nada. Me gustaba tanto la bechamel empanada que no entendía por qué mi madre se empeñaba en destruir su sabor con jamón, pollo o cualquier tropezón que distrajera mi boca del placer de saborear leche con harina y pan. Era un niño gordo, ahora veis por qué. Pocas veces conseguía convencer a mi madre de que hiciera croquetas de nada; las croquetas de cosas, como el telediario, parecían algo sagrado para los mayores.

Aquella noche habían puesto el telediario, pero también había croquetas de nada. Empate. En la tele, un señor triste de pelo raro leía una lista de cargos que habían prestado juramento, anunciaba la muerte de Agatha Christie y daba paso a Matías Prats —que era júnior en aquel momento— para el pronóstico del tiempo sobre un mapa pintado. Era agosto, hasta a él le aburría dar el parte. El señor triste de la tele se puso aún más triste.

Mi padre farfulló un lamento y mi madre una oración, y yo entendí que la gente se moría. Por vez primera presté atención al telediario y, por vez primera, las croquetas de nada me supieron a nada.

En casa escuchábamos a Cecilia. Me gustaba «Un ramito de violetas» porque era, para aquel niño, una bonita historia de amor y porque el 9 de noviembre era el cumpleaños de mi madre. Me gustaba especialmente «Dama, dama», porque decía «De alta cuna y de baja cama», y yo pensaba que era al revés, que las camas son altas y las cunas bajas para que los padres puedan cuidar al bebé. Y me gustaba «Nada de nada», porque siempre me han encantado las canciones que son listas de cosas y porque era de nada, como las croquetas.

Esa noche, al acostarme, con la noticia aún rondando por mi cabeza, descubro que, si todos nos morimos, por cierta lógica y si no lo consigo yo antes, un día mis padres se iban a morir. Creo que ese día se marchó mi infancia.

> Mira, Arturo, ya llevamos bastante libro, y yo sé que lo querías hacer todo errático, pero la gracia ya está hecha. Para el resto yo creo que deberías darle una vuelta.

> Pues tienes toda la razón, voz que aún no desvelo a quién pertenece, vamos a darle una vuelta…

Lo de LA RISA

Un capullo es alguien cuya cabeza está en otro sitio.

TED LASSO

Soy el lagrimal huérfano de Jack. Al día siguiente de encontrar «el tesorito», cremamos (que es la forma insípida de decir que quemamos) a mi padre. Yo volvía del cementerio en el coche escuchando «Wish You Were Here», la canción que, desde ese día, decidí que usaría para echarle de menos, porque las canciones tienen el significado que le dieron y el que le aplicas tú, como cuando usas arroz para secar un móvil o una llave para rascarte la oreja por dentro.

El caso es que la canción se interrumpió por una llamada de un amigo cómico. Para que entiendas lo que vino después, debes saber que este amigo es algo cansino. Un buen tipo, pero algo cansino. A pesar de ello, descolgué. El tipo, que no sabía nada, me preguntó cómo estaba.

—Pues, tío, la verdad es que jodido. Ha muerto mi padre y voy en el coche volviendo del cementerio.

Su respuesta, supongo que lógica en su cabeza, fue:

—Ah, pues te llamo porque me han ofrecido un bolo en

¡Pasa la página hacia la izquierda!

Cuenca, pero hay poca pasta y no sé si cogerlo. ¿A ti te parece normal que...?

Colgué, no me podía creer que la información hubiera derrapado por esa cabeza como los coches de *Bullit*. No volvió a llamar.

Un año después, en casa, la pantalla de mi móvil me avisó de que el personaje volvía a llamarme. Como lo conozco y como hago lo imposible por no guardar rencor, se la cogí y lo saludé alegremente como si nada hubiera pasado. Estas fueron sus primeras palabras tras el saludo:

—Hola, Arturo, lo primero de todo, ¿cómo está tu padre?

Vive rápido, muere payaso.

Harley Quinn, *Escuadrón Suicida*

Dedicar una parte de este libro a la risa es una redundancia, un chiste en sí mismo, porque ya sabes lo importante que es desde que empezaste a leerlo. La risa es, para mí, el superpoder para cualquier cosa, ante cualquier fracaso.

En el cómic que estaba leyendo aquel día, Peter Parker, sentado en la cama durante una noche, reflexionaba sobre lo terrible que era su vida privada. Gwen Stacy, la única persona que parecía entenderle, acababa de morir y lo había hecho de una manera que lo dejaba a él con la culpa volando cerca; y, aunque M. J. había cerrado la puerta por dentro, su tía May seguía teniendo problemas de salud y él sufría el acoso de Flash Thompson, el de J. J. Jameson y, en general, el de toda una sociedad que no parecía entenderle.

En la siguiente viñeta pasaba algo y Peter se peleaba contra Luke Cage disparando puñetazos, redes y chistes. Comprendí lo que Peter hacía: usaba el humor como motor. Si la personalidad fingida de Superman (Clark Kent) era un torpe apocado, la de

don Diego de la Vega, un pijo afeminado o la de Bruce Wayne, un millonario superficial, la de Peter Parker era, una vez puesta la máscara, un payaso.

El humor cubría todas las necesidades del Peter *freak*. Por un lado, era una manera de huir de la realidad o de, al menos, hacerla llevadera y, por otro, una defensa más. La verborrea de Spider-man desesperaba al contrincante, le sacaba de sus casillas, lo llevaba a un lugar inestable, imprevisible, le derrotaba las defensas.

Ese día entendí dos cosas. La primera era por qué, de todos los cómics que leía, sentía una emoción especial cuando este era de Spider-man; la segunda, la más vital nomás de mi vida, que el refugio perfecto para los raros no era la misantropía ni, por supuesto, el ostracismo, que viene solo. Era la risa, era salirse de todo aquello que te hace daño y convertirlo al absurdo.

Creo que mi frase favorita de la vida la dicen en *Aterriza como puedas*, cuando Robert Stark, tras escuchar una serie de consejos sensatos sobre cómo salvar ese avión desmadrado que ha perdido a sus pilotos, contesta: «Eso es justo lo que esperan que hagamos».

Porque define perfectamente la comedia. La comedia es sorpresa. Billy Wilder decía que comedia y suspense usan las mismas herramientas para llegar a diferentes finales. La comedia es un cortocircuito en la mente de los demás provocado porque el cómico ha conseguido llevarlos a un sitio adonde ellos no habían llegado. Es decir: nos reímos porque algo nos sorprende y, por lo tanto, cada vez que nos reímos es que hemos aprendido algo.

> Creo que la gente más triste es la que más
> intenta ayudar a otras personas a ser felices.
> Porque saben lo que es sentirse totalmente inútil
> y no quieren que los demás se sientan así.
>
> ROBIN WILLIAMS

¡Sigue leyendo!

En las organizaciones de la sociedad medieval primigenia, el loco, el imbécil, el bufón o el *joker* era uno de los personajes imprescindibles. No sólo, como se suele pensar, como mero payaso para conseguir las risas del rey y, en general, de la corte más poderosa. En los casos de monarcas inteligentes, la necesidad de un buen bufón trascendía a las risas y tenía un propósito infinitamente más interesante para el bienestar social.

El Imbécil (originariamente «el que va sin báculo») cumplía la misión de arriesgarse a hacer y a pensar cosas, aparentemente absurdas, pero que podrían funcionar. La necesidad de una mente que piense en perpendicular daba, en muchas ocasiones, visiones al monarca que jamás conseguiría de parte de los miembros de su corte que, por lo general, estaban más preocupados por salvar su estatus y su culo elogiando el pensamiento regio que por encontrar aquellas soluciones a las que su mente no hubiera sido capaz de llegar.

Por eso todo líder tenía siempre a su lado a un imbécil al que permitía decir y hacer todas las insensateces que se le ocurrieran, al que permitía arriesgarse a ofrecer un pensamiento atípico que pudiera llevar al suyo por lugares no convencionales y le dieran posibles soluciones que, sin ser lógicas o precisamente por ser una locura la mayoría de las veces, de repente se acercaban a verdades que la coherencia no era capaz de alcanzar. Y es por eso por lo que Falstaff fue, por ejemplo, un fiel acompañante de varios monarcas ingleses shakespearianos, su imbécil personal que les disparaba ideas absurdas que les ayudaban a estar por encima de la mediocridad de sus ministros. En realidad, aquellos monarcas habían inventado el *brainstorming* muchos siglos antes que los creativos de publicidad actuales.

Miloš Forman fue un director que realizó, sobre todo en su etapa americana, una serie de películas sobre la fina distancia entre el loco y el genio, la confusa frontera entre aquel al que la sociedad considera un idiota pero del que brotan ideas liberadoras, nuevas, diferentes, que hacen avanzar el mundo. Ocurría en ese *Amadeus* que Forman revivió como un descerebrado de risa estúpida y decisiones pueriles que crispaba al analítico de Salieri.

Amadeus conseguía alcanzar la brillantez de manera casi involuntaria, simplemente por su capacidad de hacer lo que nadie hacía sobre una partitura, en parte por su talento, en parte por su insensatez, mientras Salieri trataba de aplicar las normas del conocimiento adquirido y del trabajo intenso a las suyas sin ser capaz de hacer nunca nada que fuese más allá de lo correcto y, por lo tanto, de lo mediocre.

Lo vimos en sus locos de *Alguien voló sobre el nido del cuco* y en cómo sólo cuando el personaje de Nicholson es capaz de asumir su propia locura es también capaz de liberar su rabia y disfrutar de ella. Lo vimos en esa joya llamada *Man on the Moon*, en la que el personaje de Andy Kaufman (Jim Carrey) nos lleva por toda la película surfeando en la duda de si es simplemente un idiota o alguien con un plan superior, una inteligencia suprema que se ríe de todos mientras los demás piensan que se ríen de él. En esa ambigüedad se mueve el imbécil, el humorista, el payaso, el bufón y, en el cine de Forman, el verdaderamente inteligente no es quien rechaza su presencia, necesariamente incómoda y muchas veces irritante, sino quien le da la libertad de ser así para permitir que, de vez en cuando, esa mente le permita ver cosas que los demás no ven y hacerle, por lo tanto, más inteligente aún.

SHIRLEY MCLAINE/IRMA LA DOUCE:
He de comprarme cortinas… Están trabajando enfrente reparando el tejado y yo duermo desnuda.
JACK LEMMON/NESTOR PATOU:
(…) ¿Quiere decir que no… no lleva nada?
MCLAINE:
Nada, sólo un antifaz.
LEMMON:
Ah… Bueno. Eso está bien, así los obreros no podrán reconocerla.

Irma la Dulce

¡Sigue leyendo!

Tengo diez años, soy el hígado payaso de Jack y estoy a punto de parir mi primer chiste. Mi madre me lleva por El Corte Inglés y veo por primera vez algo que no se vendía en España: una camiseta friki.

Es una camiseta de Mickey Mouse disfrazado de Superman. Tampoco era el colmo de lo friki, pero para mí era lo más parecido a una gema del infinito que había visto jamás.

Le pido a mi madre que me compre la camiseta y ella me mira con esa cara que ponen las madres de: «Lo tengo que querer porque es mi hijo, pero ahora mismo lo estampaba contra el mostrador de oportunidades».

—Es que me gusta.

Mi madre tira de mi mano en dirección contraria mientras dice una de esas frases que hacen grandes a las madres:

–Y a mí también me gustan muchas cosas y no las tengo.

Luego me cuenta que las camisetas con estampados son de niñas.

Lo más curioso es que esa visita a El Corte Inglés era para comprarme «un traje mono» para ir a una comunión. Vestido con pantaloncitos de pinzas, camisa, corbata y jersey de pico, en aquella boda me sentí más disfrazado, más ridículo y menos yo que si me hubieran dejado llevar esa camiseta.

(2022. Tengo cincuenta y tres años. Un armario reventado de camisetas frikis y un montón de gente que me dice que ya no tengo edad para llevar ese tipo de ropa. Pero las sigo llevando porque por dentro pienso:

–Eres tú el que ya no tiene edad para disfrutarlas).

Pero estaba a punto de hacer mi primer chiste.

Mi madre seguía empeñada en no comprarme la camiseta y daba más argumentos en contra porque el de que eran para chicas no me valía:

—Es muy cara.

—Es más caro el pantalón de pinzas.

—Pero ese lo necesitas.

—No, mamá, lo necesitas tú.

—Además, no van a tener de tu talla.

—La he buscado, sí tienen.

—Pero sólo la tienen en rojo, que no te queda bien.

—No lo sabemos, nunca me he probado algo rojo.

A veces el cansinismo funciona, para un niño educado en el esfuerzo no era un trabajo terrible replicar a cada inconveniente que mi madre interpusiera. Sabiendo esto, mi madre, agotada, optó por la salida que nunca falla, la salida de lo inconcreto:

—Bueno, pues otro día te la compro.

Mala salida. Lo inconcreto siempre me ha desesperado. Cuando por la noche me decían: «Hasta mañana si Dios quiere», no podía evitar pensar: «¿Y si no quiere?». Cuando me decían que tenía la obligación moral de comerme las enormes cantidades con las que mi madre llenaba los platos y me argumentaban que debía hacerlo porque hay mucha hambre en África, yo pensaba: «¿Cómo no va a haber hambre si me estoy comiendo toda la comida yo?». No caso bien con lo inconcreto, no me valen las frases hechas, así que contesté:

—Vale, ¿qué día?

—Pues uno cualquiera —dijo mi madre—. Si hay más días que longanizas…

¡ATENCIÓN! ¡LLEGA MI PRIMER CHISTE!

—Bueno, mamá… Hay más días que longanizas… ¡Si «longanizas» bien!

(Una tos, el micro se acopla, se cae un vaso, el dueño del local arranca un aplauso que nadie sigue…).

Es malo, sé que es malo, pero a mis diez años ese chiste encendió algo en mi cabeza… Había encontrado un juguete: el humor. Ese juguete, además, era de los que más me gustaban, aquellos a los que podía jugar en mi cabeza. Para un niño de sacar ceros en manualidades, que necesitaba clases particulares de caligrafía porque una redacción con su letra parecía un papel matamoscas y que tenía que hacer las recuperaciones de gimnasia con el profesor porque ningún niño más había suspendido, la cabeza era su parque temático ideal.

¡Sigue leyendo!

Según había deducido de mi gloriosa creación con las longanizas, se trataba de coger esas frases hechas, que tanto me cabreaban, y aprovechar su inconcreción para darles la vuelta. Y encima el resultado me hacía gracia, ¡un 2×1! Más tarde pensé que, si se podía hacer con frases, se podía hacer con todo… Personas, actitudes, todo era más divertido si no era como te decían que era… Y así nací para el humor.

No digo, por supuesto, que no me hubiera reído hasta los diez años; en mi casa se reía mucho y me encantaban Tip y Coll, Gila, Miliki y Supercoco. Había visto a unos tíos que se llamaban Martes y Trece y que me hacían mucha gracia sin saber muy bien lo que veía… Digo que había descubierto el superpoder que es fabricar humor. Y había entendido la diferencia entre repetir un chiste que te habían contado y crearlo tú solo, el verdadero poder.

Pues yo creo que me voy a sacar la chorra.

Miguel Rellán, en *Amanece, que no es poco*

Tengo once años, soy el muñón torpe de Jack. Uno de los infiernos de mi vida en ese momento es aprobar Pretecnología, una manera pedante que tenían antes de llamar a las manualidades. Si Odín me había otorgado una coordinación corporal que lograba que, haciendo deporte, El Langui a mi lado pareciera Ronaldo, con mis manos había realizado experimentos que luego aplicarían en Epi y Blas. Todo ejercicio más complejo que agarrar una pelota durante más de diez segundos sin que se caiga era considerado deporte olímpico para mis manos. Cualquiera que me haya visto dibujar sabe de lo que hablo.

Para esa evaluación, el profesor había decidido encargarnos una figurita de madera, el personaje que nosotros quisiéramos. Debíamos pintarlo, recortarlo con una segueta y presentarlo. Si me

hubieran pedido resolver el teorema de Fermat, creo que habría tenido más posibilidades.

Elegí un Superlópez porque en aquel momento estaba a tope con Jan y el Supergrupo. Cuando mis muñones acabaron de dañar el arte, mi Superlópez era lo más parecido a Sloth, de *Los Goonies*, y lo menos parecido a Superlópez que hubiera hecho cualquiera de mi clase si le hubieran dicho: «Haz un Superlópez que se parezca a Sloth». El día antes de presentarlo, mi madre miró mi obra y, cuidando mucho mi autoestima, me dijo:

—Pero, hijo, ¿cómo vas a presentar esta mierda?

Asumí que iba a suspender hasta que, de repente, se me ocurrió una idea. No era brillante, salvadora ni gloriosa. Era un intento desesperado no de aprobar, sino de no quedar en ridículo. Ya que suspendo, por lo menos que se rían. Cuando todo da lo mismo, ¿por qué no hacer alpinismo?

En una tablilla que me había sobrado del crimen pegué a Superlópez y en la otra dibujé algo que parecía un ladrón y les puse bocadillos:

Superlópez: ¡Quedas detenido, Mac el Mastuerzo!

Mastuerzo: Vale, lo prefiero a suspender Pretecnología.

Y la diosa Shiva hizo su magia (gracias, Ignatius). El profesor miró el engendro y, al leer los bocadillos, se echó a reír. Llamó al resto de la clase, todos se rieron… Y no me suspendió. La comedia me salvó la vida, en este caso la académica, aunque la otra, la de verdad, la ha salvado mil veces. No sería la única vez y, desde luego, no la más importante.

Cuando reviso los momentos importantes, estelares, realmente trascendentes de mi vida, los primeros son siempre momentos profesionales, los dolorosos y aquellos en los que la comedia ha reinado por encima del dolor. Estas serían las tres patas. Por eso la risa tiene tanta importancia para mí. Y por eso, precisamente, respeto su poder y a los que trabajan para ejercerlo benéficamente. Porque el humor, como un cuchillo, como las palabras, requiere maestría. Y cuidado en su uso.

¡Sigue leyendo!

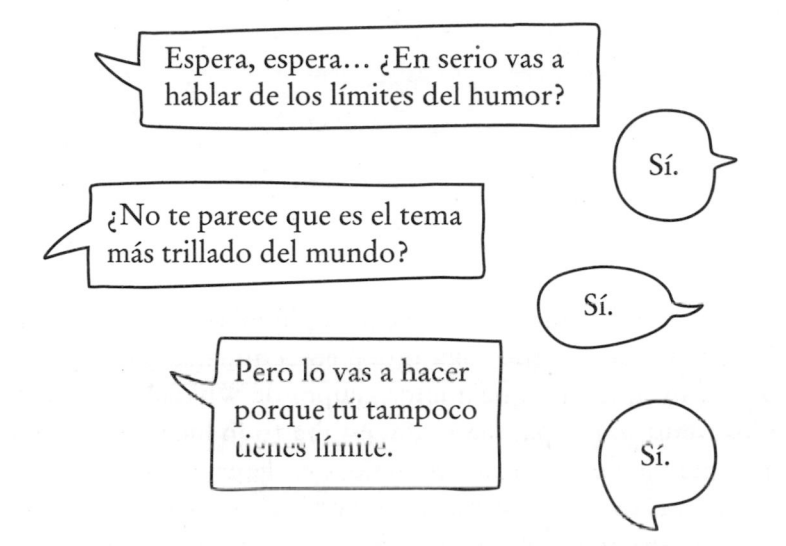

Espera, espera… ¿En serio vas a hablar de los límites del humor?

Sí.

¿No te parece que es el tema más trillado del mundo?

Sí.

Pero lo vas a hacer porque tú tampoco tienes límite.

Sí.

Si has aguantado el libro hasta aquí, habrás visto que cuando algo me apasiona, no tengo freno. Soy un gato persiguiendo un láser, soy el «Canon» de Pachelbel puesto en bucle y a 3×1. Y el humor es uno de esos juguetes al que, en cuanto lo encontré, empecé a romperle las tripas para entender su mecanismo. Por eso he pensado mucho sobre ello, por eso y porque, como tipo afortunado, ha acabado formando parte de mi trabajo junto con mis otras obsesiones.

Básicamente he llegado a la conclusión de que se tiende a confundir el sentido del humor con el sentido de la comedia, y voy a tratar de explicarme.

Todo el mundo tiene sentido del humor, es algo que nos viene dado. El bebé se ríe con las cosquillas o con su padre hinchando los carrillos. La risa es un instinto primario que, además, junto al bostezo, es de los más contagiosos. Pero la risa, como los cuadros, como las canciones, como las personas, tienen grados de complejidad. Tendemos a pensar que, si nos ha hecho gracia, es gracioso, y eso es irrebatible, pero no pensamos que según qué risas, como según qué amores o según qué amistades, pueden ser dañinas. Un chiste tiene gracia porque al llegar a tu cerebro produce un cortocircuito que lo lleva a la sorpresa y de la sorpresa a la risa. Por

lo tanto, tenemos dos componentes. Sin embargo, ocurre que no todos los cerebros son iguales y eso hace que en cada uno el chiste se transforme en cosas diferentes. En un cerebro podrá convertirse en risa, en otro en indignación, en otro en dolor y, en otro, podrá convertirse en miedo.

Porque no sólo depende del chiste. Por eso no puedes decir «Este chiste no es gracioso», sino «Este chiste no me hace gracia». Porque las emociones son así, comulgan con cada uno, por eso nadie llora en una boda en la que no conoce a los novios y te la pela si se separan antes de que les caiga el arroz en el pelo. Por eso te reías mucho con tu ex cuando le querías y te ríes de tu ex ahora que ya no.

El enorme Gila lo explicaba mucho mejor que yo. Contaba que, de pequeño, él vivía con un abuelo ebanista (su madre, al quedarse viuda, lo dejó a su cuidado para poder casarse con otro hombre y formar una nueva familia sin rastros infantiles de la anterior). El otro abuelo de Miguelito era trapero y Gila lo pasaba muy mal cuando este llegaba a su barrio con el carromato para pedir trapos.

Los demás niños del barrio jugaban a observar al hombre y, cuando le veían llevarse la mano a la boca para gritar: «El traperooo», ellos se adelantaban y decían antes:

—¿Quién es idiota?

—El traperooo.

El Miguel niño sentía tanta vergüenza y tanto dolor que ni siquiera les dijo a los otros niños que ese trapero era su abuelo. Años después escribiría:

Creo que, desde entonces, detesto la burla. No tiene nada que ver con el humor. Desgraciadamente muchos no encuentran la diferencia. El humor embellece, la burla afea. Y el mundo ya es lo suficientemente feo como para que lo queramos afear más.

Por eso la risa no es síntoma de humor, al igual que estar muy pendiente de alguien no es síntoma de amor. Y por eso creo que una cosa es el sentido del humor y otra el sentido de la comedia.

¡Sigue leyendo!

Gracias a lo gregario del ser humano, se suele utilizar como elogio: «Tiene sentido del humor», cuando lo que en realidad se quiere decir es: «Tiene el mismo sentido del humor que yo».

El sentido del humor es como el hambre; que te rías cuando una cosa te hace gracia no indica tu grado de sentido del humor, igual que comer cuando tienes hambre no define que seas un *gourmet*. Podríamos definirlo de otra manera: todo el mundo puede cocinar, pero no todo el mundo puede ser cocinero.

El humor, como todas las artes, aunque aún se empeñen en no reconocerlo como tal, puede ejercerlo cualquiera, pero no todos pueden conseguir con ello la trascendencia de la comedia. El hijo de mi vecino pretende cada mañana del fin de semana, desde muy temprano, ejercer el arte de la música con cero trascendencia salvo para mi hora del desayuno. También, en muchas escuelas de arte de mi barrio, muchos intentan ejercer el arte de la pintura sin pasar de ser meros emplastadores de lienzos. Una prima mía regala unas esculturas que, cuando las recibes, sólo sientes ganas de trascenderlas a la basura lo antes posible.

Porque el humor, como el cine, como la música, como las películas, como todo el arte, tiene géneros y estratos. Pinta el tipo que hace esos cuadros marinos que vemos en las habitaciones de los hoteles horteras y pinta Hopper, pero hay grados de calidad. Por eso cuando alguien me dice: «Me gusta la música», siempre le pido que matice, porque es demasiado amplio. A nadie, o a muy pocos, nos gusta TODA la música, así que cuando matizan es cuando empiezo a apreciar el nivel. Pasa como con aquellos que te dicen: «Me gusta el fútbol», pero sólo les gusta que gane su equipo, sólo ven los partidos importantes y sólo valoran el resultado. Si te gusta el humor, te gusta en todos sus géneros, desde el más simple pero bonito hasta el más cafre y, desde luego, no te gusta sólo cuando gana tu equipo. ¿Que cómo aprendí esto? Pues, para variar, fracasando.

Estamos entrando en un mundo nuevo,
un mundo más amable, donde los hombres se elevarán
sobre su avaricia, su odio y su brutalidad.

CHARLES CHAPLIN, *El gran dictador*

Tengo dieciséis años, soy el macarra gilipollas de Jack. En clase siempre he sido el que daba igual, en el que nadie se fijaba. Si fuera ahora, sería el que menos grupos de WhatsApp compartidos tendría. No pasaba nada, estaba todo bien, no caían en mí ni para lo bueno ni para lo malo, simplemente no era alguien con quien contar. Pero ese curso llegó Alfonso a rescatarme.

Tenía muchas características que jugaban a mi favor: era chiquitito y enjuto, no parecía especialmente espabilado y, qué cojones, era el nuevo. Sus padres habían tenido que mudarse a Madrid por trabajo y le habían conseguido plaza en mi cole. Alfonso era la banqueta sobre la que podía subirme para mejorar mi estatus en la clase; del barro a la banqueta, todo un ascenso. Al principio me limité a ignorarle, en una estricta aplicación del ojo por ojo de lo que hacía conmigo el resto de la clase, sin caer, ya ves, en que el ojo de Alfonso no tenía la culpa. Pero un día, en el recreo, Alfonso se acercó a un grupito mientras repasábamos para un examen, con una pregunta y, supongo, ganas de integrarse. Alfonso llevaba unos pantalones de la marca Larry cuya etiqueta imitaba todo lo posible el grafismo de la marca Levis, los pantalones que molaban en aquel momento. Un poco como lo de Martini y Maritrini. Yo me fijé en la etiqueta y, en un alarde de talento tan enorme que ojalá me hubiera metido por el culo, le dije:

—¿Por qué llevas unos Larry, porque eres el risión del barrio?

OK, vuelta al ruedo de la crueldad. Oreja, rabo y toda la dignidad de Alfonso para mí. Bravo. Alfonso se fue achicando y yo conseguí que todo el grupito se riera y me aplaudiera la gracia. Creo que, por primera vez en mi vida, se habló de mí; por primera vez hice gracia, maldita sea, por primera vez es-

¡Sigue leyendo!

taba deseando ir al colegio y someter a Alfonso a otra salva de insultos ocurrentes y graciosísimos; por primera vez caté el aplauso fácil. Todo el curso fue una fiesta. Nada más aparecer en clase, se me juntaba un grupo de fans que me azuzaban para darle caña a Alfonso. Joder, qué risas. Valía todo: su pelo, su forma de hablar, su olor… Yo tenía un chiste para cada cosa. Un día Alfonso se me encaró y me retó a pegarnos en el parque a la salida de clase.

—Nos vemos a la salida y te parto la cara.

—Mejor te la parto yo y así te la arreglo —le dije yo.

Risas, aplausos, Alfonso tumbado en el ring y desarmado sin necesidad de sacar los puños. El trabajo que había hecho con el humor empezaba a dar sus frutos.

El curso siguiente, Alfonso no volvió. Sus padres habían hecho lo imposible por cambiarlo de colegio. Al parecer, había sufrido una profunda depresión durante todo el curso que incluso le había creado eccemas en la piel. Nunca, salvo el día del reto a la pelea, había dicho nada en clase, a nadie, pero al llegar a casa se derrumbaba a llorar. Él era un valiente y yo un mierda. Tarde llego para pedirte disculpas, Alfonso. Espero que, si llegas a leer esto, sepas que tu año de sufrimiento acabó pero mi remordimiento no va a acabar nunca.

JOHN MILJAN:
Quiero poseer tu dorado pelo, tus fascinantes ojos, tu atractiva sonrisa, tus adorables brazos, tus divinas formas…
MAE WEST:
¡Un momento! ¿Es una proposición o estás haciendo inventario?

No es pecado

Ejercer un arte es cosa de cualquiera, ser capaz de elevarlo a su nombre lo es de muy pocos. Y eso ocurre con el humor. Llenos están los bares, las calles y las redes de gente pretendiendo hacerlo, consiguiéndolo incluso a veces, pero más por casualidad, como cuando el hijo de mi vecino acierta una nota frente a quien lo hace con conocimiento y una técnica, una estructura, una filosofía y en busca de un resultado. Así de complicado es hacerlo bien.

Lo sabe quien ha visto a George Carlin, a Faemino y Cansado, a Jacques Tati o a Chaplin, o los *collages* que Enrique Herreros compuso para la mítica publicación de *La Codorniz*. Herreros no buscaba siempre la carcajada impetuosa del chiste, muchas veces ni siquiera provocaba una sonrisa, sino que su obra encerraba belleza y sutileza. Cómo de cerca estaba de aquellos montajes de Terry Gilliam. Cómo de olvidada está esa otra generación del 27 de Jardiel, Tono, Neville y Mihura.

Buscad algunos ejemplares de *La Codorniz*, que han sido preciosamente reeditados, y disfrutad de su interior. Yo lo he hecho y lo voy a hacer mientras pienso en distintas maneras de romperle la flauta al hijo de mi vecino. Porque la risa tiene su uso benéfico cuando «es el escudo, no el arma» (Krahe) y, como dice en su libro un tío con gafas al que también admiro y que es otro espeleólogo del humor, si se sabe utilizar bien, «reír es la única salida».

El chiste de las longanizas era malo, facilón. Pero es que esa es una de las cosas que nos negamos a entender sobre el humor. Igual que los primeros espectadores de cine se aterraban de ver un tren entrando en una estación y ahora no nos asusta que Vin Diesel salte al techo de un autobús desbocado cargado de TNT, el humor ha ido creciendo con la historia, como el lenguaje, como cualquier organismo que nace de la interacción de mucha gente con la cultura.

El humor crece, tanto con la historia como con la persona. Por eso los chistes de los niños tienen a un niño, Jaimito, como protagonista, y por eso los chistes que triunfaban entre nuestros padres venían en una cinta con dos rombos y Arévalo con cara de rijoso.

¡Sigue leyendo!

Eso explica, precisamente, que haya quien ha evolucionado en su aprendizaje del humor y quien no. Todos tenemos un amigo al que sólo le hacen gracia los chistes de culos y pedos porque se ha quedado en la etapa anal del humor, al igual que, si miramos las redes, la forma de expresión del humor más generalizada es la de la burla, una de las más básicas y dañinas, pero, por supuesto, de las más fáciles. El famoso «zasca» dice más de quien lo da y de quien lo aplaude que de quien lo recibe; habla de un recurso tan básico, tan infantil que, si sólo cuentas con ese, te coloca muy abajo en la pirámide de la risa.

Por experiencia os diré que la mayoría de la gente que estamos en esta especie de secta de vividores de la risa no somos de los que se ríen muy alto. Decía Groucho que prefería que le hicieran reír con las cejas que con la boca. ¿Conocéis este chiste?:

—¿Sabes qué se ve desde el edificio más alto de Toronto? Pues *torontontero*.

Pues yo asistí a su creación.

Hoy en día parece un chiste popular, pero estábamos en la redacción de *La noche de Fuentes* y uno de los guionistas, David Navas, uno de esos genios desconocidos de la comedia, preparaba la intervención de Eva Hache en ese programa. El personaje de Eva era canadiense y David me dio a leer ese texto cuando lo hubo terminado como solíamos hacer siempre, sin excepciones, con seriedad e inseguridad a partes iguales.

Allí estaba el chiste de Toronto. Recuerdo llegar a él y arquear las cejas pensando: «Puto genio, qué bueno es este chiste», pero nada más. El chiste salió en el programa, tampoco es que provocara la revolución en las calles, y, sin embargo, se quedó para siempre.

He estado en reuniones de cómicos de poquísimas carcajadas, pero infinitas subidas de cejas. Yo, por supuesto, también soy de difícil carcajada y eso lo sabe quien me ha visto reír con ganas, salvo quizá cuando estoy haciendo programas. Creo que porque ahí el humor ya se hace público y me limito a disfrutarlo. Sin embargo, sí recuerdo alguna de esas situaciones en que las cosas me han hecho llorar de risa.

LISTA DE ALGUNAS COSAS QUE ME HAN HECHO LLORAR DE RISA

- Ya he nombrado *Aterriza como puedas*, y los ZAZ volvieron a lograrlo con *Top Secret!*, una de esas películas a las que siempre vuelvo.

> Nick, lo he intentado todo. La embajada, el gobierno alemán, el consulado, pero nada, mi mujer no alcanza el orgasmo.

- *Sopa de gansos*: Ya veía a los Marx en la tele cuando los ponían los sábados a mediodía, pero un día fui a una maratón de tres películas suyas que incluía esta. Nunca la habían echado en la tele, creo que por su contenido político. Será la dirección de McCarey, será que prescinden de números musicales, pero la recuerdo como una de las experiencias en las que más me he reído de mi vida. De repente, como Gila, me estaban enseñando la terrible realidad de una guerra y, por lo tanto, su absurdo desde el humor. Por supuesto, esta es una reflexión *a posteriori*, pero creo que ese día estuve un poco más cerca de comprender para qué servía eso de ser idiota y lo benigno que puede llegar a ser. «Nunca olvido una cara, pero con usted voy a hacer una excepción».
  Ya que hablo de Groucho, debo mencionar *Groucho y yo*, el libro que hizo conmigo el mismo camino que *Sopa de gansos* y que ha sido la inspiración de este que te estás leyendo. Groucho cuenta de su vida sólo las cosas que pueden ser divertidas o aquellas tristes a las que ha sido capaz de buscarle una vuelta de risa. Si lo lees descubrirás hasta qué punto es una maravilla y hasta qué punto mi intento de imitarlo aquí es, otra vez, un fracaso.

¡Sigue leyendo!

Y debo hablar también de Harpo y su *¡Harpo habla!* Fue uno de esos libros que codicié durante años, mirándolo en un escaparate de mi barrio hasta que pude comprármelo. De todas las historias que contiene esa joya aprendí algo, sobre todo de aquella en la que cuenta que le invitaron a formar parte de la tertulia del Algonquín, un café que reunía a las mentes más brillantes del Nueva York del momento cada tarde. Harpo decidió que, rodeado de tanto cerebro privilegiado, permanecería callado hasta que realmente tuviera algo interesante que aportar. Así estuvo durante días y días hasta que, una tarde, se trató el tema del humor; aquel fue el primer día que habló. Quien me conoce sabe cuánto me influyó esa historia para todo lo que hago. A veces, por supuesto, fracaso, pero trato de aplicar el «Aporta o aparta» en todos los aspectos de mi vida

- Faemino y Cansado: Poco tiempo después de ese día en que vi a los Marx en el cine Cid Campeador, me fui al teatro Apolo a ver a Faemino y Cansado. Los había visto en la tele y me consideraba incapaz de entender qué hacían estos tíos. No se parecían en nada a lo que, durante mi infancia, me habían dicho que provocaba la risa y, sin embargo, me provocaban una risa nueva que no iba a las entrañas, sino al desconcierto, a no esperar lo siguiente que iba a venir. Recuerdo ese día como el que más y más fuerte he reído en mi vida. Recuerdo salir de allí agotado y maravillado, con la sensación de haber reído algo que era único, tan inteligente que te hacía sentir inteligente a ti por ser capaz de celebrarlo a carcajadas. Espero que Javi jamás sepa que cada vez que habla en *Todopoderosos* o *Aquí hay dragones*, me siento sin excepción un privilegiado de que ese cerebro quiera trabajar a mi lado.
- Pepe da Rosa
- Chuck Jones, Tex Avery, Friz Freleng...
- Les Luthiers

- *Zoolander*
- El Monaguillo haciendo sus gremlins
- Dani Rovira siendo Dani Rovira
- Juan Gómez-Jurado siendo Juan Gómez-Jurado (negaré haber escrito esto)
- Andreu y Berto sin saber nada
- David, Héctor e Ignacio *non turrae*
- *La señorita de Trévelez*
- La historia del reloj de *Pulp Fiction*
- *El buscón*
- El sacerdote de *La princesa prometida*
- El Batman de Adam West
- Javier Cámara en *Venga Juan*
- La pelea en el barro de *El gran McLintock*
- El homérico Michaleen Oge Flynn
- Cualquier minuto de mis horas de conversaciones con Juan Herrera
- Haber tenido la suerte de compartir risas con: JJ Vaquero, Raquel Martos, Iñaki Urrutia, Julián López, Agustín Jiménez, Goyo Jiménez, Ana Milán, Florentino Fernández, Marta González de Vega, Marcos Mas, Eduardo Aldán, Luis Piedrahita, Héctor de Miguel, Patricia Galván, Dani Mateo, El Gran Wyoming, Tomás García, Alex O'Dogherty, Miguel Lago, Ángel Martín, Berto Romero, Andreu Buenafuente, Ana Morgade, Faemino y Cansado, Joaquín Reyes, David Broncano, Ignatius Farray, Chiquito de la Calzada, Ernesto Sevilla, Enrique San Francisco, Miguel Rellán, Sara Escudero, Sílvia Abril, Antonio Castelo, Santi Rodríguez, Susi Caramelo, Pedro Reyes, Toni Acosta, Edu Soto, David Guapo, Pantomima Full, José Mota, Borja Cobeaga, Amando Cabrero, Maikol Sánchez Romero, Joseba Pérez, Xavier Deltell, Miki Nadal, Ricardo Castella, Eva Hache, Pablo Motos, Juan y Damián, Ángel Ayllón, Bropi, Rodrigo Cortés, Danny Boy-Rivera, Leo Harlem, Flipy, Raúl Massana, Juan Carlos Córdoba, José Miguel Contreras, Bermúdez, Paco Calavera, David

¡Sigue leyendo!

Navarro, Pepe da Rosa, Juan Gómez-Jurado, Nacho García, Pedro Llamas, José Luis Gil, Álex Clavero, Paco Collado, David Navas, Andrés Trasado, Darío Adanti, Salva Reina, Raúl Cimas, Patricia Conde, Diego San José, Javier Cámara, Andoni Agirregomezkorta, Roberto Leal, Edu Galán, Sergio Olalla, Pepe Colubi, Javier Coronas, Bárbara Montes, Laura Llopis, Jorge Ponce, Arturo Valls, Juan Herrera, Miguel Anómalo, Carlos Langa, Toni Nievas, Sére Skuld, Carolina Noriega, José Corbacho, Pere Aznar, Henar Álvarez, Rafa Villena, Jaime Bauzá, Juan Carlos Ortega, Álex Pinacho, Miguel Noguera, Raúl Navarro, Uespi, Anabel Alonso, Valeria Ros, Elsa Ruiz, Virginia Riezu, David Suárez, Tomás Fuentes, José Lozano Rey, Asaari Bibang, Carmen Romero, Carolina Iglesias, Ignasi Taltavull…

El humor es el escudo, no el arma.

JAVIER KRAHE

Billy Wilder tuvo que huir de la Alemania nazi para salvar su vida, sabiendo que su madre estaba en un campo de concentración. En Estados Unidos, durante la guerra, escribió como guionista algunos de los mejores chistes de la historia del cine en las comedias de Lubitsch o Mitchell Leisen, e incluso dirigió alguna de ellas.

Cuando acabó la guerra, al fin pudo volver a Alemania a buscar el rastro de su madre, de la que no había tenido noticia. Mientras revisaba los archivos de los judíos que habían muerto en las cámaras de gas, se le acercó un actor del que Wilder sabía que había estado colaborando con el ejército de Hitler, para pedirle los derechos para montar una obra de teatro basada en el evangelio que había escrito Billy. Quería interpretar el papel de Jesucristo. Wilder le dijo:

—Por supuesto, te cedo los derechos completamente gratis. Sólo voy a ponerte una condición: que la obra se represente con clavos de verdad.

Wilder volvió a Estados Unidos con la terrible tristeza de no haber encontrado ni un solo dato de su madre, pero con la certeza de que había sido asesinada por los nazis y con el consuelo de haber hecho un gran chiste en su honor.

Al final, es inevitable vivir la vida siempre desde la distancia del humor, ponerlo todo en entredicho; preferir caminar con una duda que con un mal axioma te lleva al escepticismo y, a poco que avances, al cinismo. Distanciarse es un proceso inevitable, ver el bosque tan desde lejos que ya sólo percibes las manchas, como en el cuadro de los galgos cazando un ciervo que había en tantas casas en los setenta. Esto no hace que nada te importe, sino que elijas muy bien qué es lo importante y lo alejes, eso seguro, de lo urgente.

Mis cómicos favoritos han sido enormes escépticos, gente que desde el humor era capaz de transmitir una enorme melancolía, una tremenda falta de esperanza en el ser humano en general y, sin embargo, un tremendo amor por la propia condición humana. Era gente separada de credos, de banderas, de ideologías y, por lo tanto, realmente preocupados de intentar mejorar el mundo en general, sin sectarismos, sin elegir sólo a los suyos para hacerlo. Gente que, habiéndose desprendido de prejuicios y habiendo desaprendido todo lo que hay que olvidar, se limita a reírse de ellos mismos y de todos porque saben que ni siquiera pueden creer del todo en ellos.

Mi cínico favorito, no va a haber sorpresas, es Groucho, aunque ya había cosas de Keaton absolutamente crueles en *El joven Sherlock Holmes* que me habían hecho mella. Es Groucho quien me arrastra a esa mirada distante al ser humano. Poner aquí una retahíla de chistes de Julius sería demasiado cómodo y estoy seguro de que también sería motivo de una querella suya desde el más allá por rellenar un libro a su costa y a la de sus guionistas. Me quedaré con tres frases que creo que definen perfectamente esto del cinismo tierno del que hablo y que, además, van completamente unidas, aunque no lo parezca.

¡Sigue leyendo!

La primera, sin duda, es la mítica «Jamás formaría parte de un club que me aceptase a mí como socio».

La segunda forma parte de los diálogos de *Sopa de ganso*, así que ignoro si es completamente suya, pero creo que es la frase menos entendida de Groucho:

«Estos son mis principios, si no le gustan, tengo otros».

Durante años he entendido esta frase como la entiende todo el mundo. De hecho, es un clásico en las redes para cuando alguien cambia de bando o de opinión. Ha sido hace muy poco, y tras conocer de verdad al personaje a través de sus libros, cuando he sido capaz de pensar en que, en realidad, es la expresión más pura del escepticismo, la defensa más valiente de la libertad de pensamiento más allá de las ideas y las camisetas. Ya he hablado de esto en otro momento, pero me sorprende ver que no existe en nuestro idioma una palabra positiva para una persona que está dispuesta a cambiar de opinión si las circunstancias así lo requieren. Me sorprende que «chaquetero» sólo sea una palabra negativa cuando, al menos yo, me paso la vida sin saber qué pensar de las cosas y, desde luego, sin tener que morir o matar. De nuevo, desconfío de cualquier club que quiera tenerme como socio. Por lo tanto, sí, Groucho, yo también cambio mis principios en cuanto me cambian los caminos. Soy tan chaquetero como tú.

La tercera resume la filosofía del escéptico ante todos aquellos que han pensado que son la idea que dicen representar y exigen, por lo tanto, respeto a sus creencias/colores/ideas/gremios o lo que sea que se inventen que les hace menos individuales: «Si tiene problemas para reírse de sí mismo, estaré encantado de hacerlo yo por usted». El único privilegio que nos ganamos aquellos que hemos aprendido a reírnos de nosotros mismos es poder hacerlo de todos los demás. Recuerdo cuando Dani Rovira pilló ese cáncer que nos dio el susto, cómo a los dos minutos de llamarme con la noticia él mismo dijo:

—Lo bueno es que ahora me van a entrar todos los chistes de calvos, bueno, y de muertos.

Ese es el respeto que quiero que me tengan, el que yo siento por un tío que es capaz de decirse algo así.

No se puede definir el humor porque para cada uno tiene un sentido diferente. Lo que para mí es muy gracioso, para ti no es nada gracioso. Además, influye de qué manera te toca; te ríes de los chistes sobre tu ex, pero no te reirías del mismo chiste sobre tu marido; te ríes de los chistes sobre el partido político opuesto, pero no te hace gracia el mismo chiste aplicado a tu líder.

Por lo tanto, es imposible establecer los límites del humor, puesto que cada tipo es un país casi completamente diferente y tú eres un patriota que sólo entiende que donde se hace el auténtico es en el tuyo.

Mi segundo cínico favorito, como siempre sin orden ni concierto, es Larry David. Larry es egoísta, bocazas, maniático, desagradable, patoso, engreído y, por si fuera poco, multimillonario. Y es, últimamente, quien más pone a prueba no sólo mi paciencia, sino mi comodidad a la hora de asentarme en una visión del ser humano que me resulte suficientemente benigna como para pasear con las manos a la espalda y con algo de paz.

Larry David fue el creador y guionista principal de la serie más exitosa de la televisión americana. Aún hoy en día, el último episodio sigue manteniendo el récord del programa más visto de la historia en aquellos lares, un programa del que, seguramente porque aquí se emitió mal y tarde, mucha gente desconoce su importancia. Ni *Friends* ni *Los Soprano* ni *Juego de tronos* han logrado un éxito de esas características, sólo con la historia de tres tipos neoyorquinos que hablan entre ellos de nada durante muchos capítulos. Con eso y, claro, kilos de talento para escribir esas tramas sobre nada y esas conversaciones huecas.

Si logras esa gesta en un país donde el entretenimiento es no sólo un arte, sino además algo que se considera que debe ser recompensado, te conviertes inmediatamente en millonario, y mucho, para siempre. Tanto Jerry Seinfeld como Larry David lo son y hacen alarde de ello continuamente. Jerry deja muy claro que sólo trabaja en cosas que le apetecen, como ese programa en el que entrevista a cómicos mientras se pasea en coches de lujo de cafetería en cafetería.

¡Sigue leyendo!

Mientras, Larry hace con el dinero que le permitiría retirarse para siempre lo que hace una mente que no es capaz de parar de crear: una serie.

Durante veinte años, *Curb your Enthusiasm* (algo así como «Controla tu entusiasmo») contó precisamente la vida del tipo que escribió la serie de más éxito de la televisión y que ahora vive en Los Ángeles, ocupado básicamente en jugar al golf, probar restaurantes nuevos y meterse en problemas con su grupo de amigos, igual de millonarios que él, por culpa de un carácter realmente insoportable. Y eso, curiosamente, es justo lo que no hace él: dejar de trabajar y limitarse a gastarse su dinero en langostas de agua caliente.

Resulta muy difícil tratar de explicar con exactitud en qué consiste la serie. Hay un factor de libertad creativa, de una visión tan libre que sólo puede tenerla quien tiene dinero para no necesitar gustar a nadie y que, sin embargo, busca tu risa a cualquier precio, la nerviosa y la simplona, la incómoda y la payasa. La que te revuelve el cerebro y, a veces, las tripas. No sé por qué le quiero, pero en cada capítulo me asomo a la ventana esperando que pase por ella y, seguramente, me insulte.

De todos los capítulos que lleva, sólo una vez y durante treinta segundos se ha permitido un momento de melancolía. Es aquel en que, tras fracasar en su intención de verle en concierto, se pone en su casa un disco de Paul Simon y se sienta en el sofá a escucharlo. La canción que elige es «Still Crazy After All These Years»... (Su amigo Seinfeld volvía hace muy poco a Netflix con un monólogo, no tengas duda de qué canción eligió para los títulos de crédito).

Así que lo mismo sí que tiene explicación que Larry me haga tan feliz. Cosas del amor.

Compartíamos el Krahe y yo, al final de la vida,
un enfisema pulmonar que le llevó a tomar
una decisión terrorífica: dejar de fumar.
Una tarde me pasé por su casa y, al entrar,
le encontré en el salón sentado muy serio.

—¿Qué haces, Javier?
—Pues aquí, no fumando.

Si hay un momento esencial en mi bautismo de la risa, además de los que ya he contado, es el día en que fui a casa de mi primo y él me puso el disco *La Mandrágora*. En realidad, ese día sólo escuchamos en bucle la de «Marieta», porque decían «gilipollas», porque decir eso en una canción en esos años era algo revolucionario, casi pecado, y era, en realidad, lo único que les gustaba a mis primos. Desgraciadamente, esto aún persigue a Krahe en el imaginario de la gente por haber sido el primero en decir «gilipollas» en la televisión y por su otra canción con exabrupto, «No todo va a ser follar». Siento cierta pena cuando lo nombro y, quien quiere demostrar que lo conoce, saca a relucir una de esas dos canciones sin siquiera haber entendido lo que dicen.

Afortunadamente convencí a mi primo de que me grabara el disco y me lo llevé a mi casa para escucharlo más allá de «Marieta». Y allí estaban «El cromosoma», «Pongamos que hablo de Madrid», «Villatripas», «La tormenta», «Adivina, adivinanza», «La hoguera», «Nos ocupamos del mar»... Aquel día nacieron en mi cabeza dos de los mundos que más me han influido: Sabina y Krahe. Sabina ya tiene su sitio en este libro, así que dejadme que os explique lo que ha sido Krahe para mí.

La primera vez que escuché la idea de que te puede importar un comino que el último jalón de tu camino caiga lejos de Roma y que es preferible caminar con una duda que con un mal axioma fue ahí. Y así he seguido y de esa frase van básicamente este libro y mi filosofía de las cosas de la vida.

Y a partir de entonces fui a verle siempre que pude a sus conciertos en el Central, esos que daba antes de irse de vacaciones. En ellos entendí que no se corrige nunca a una canción que está contigo bajo un edredón, y que en las Antípodas todo es idéntico a lo auténtico, que todo es vanidad y que esta sólo son cagadas de

¡Sigue leyendo!

paloma sobre una estatua… La mirada de Javier siempre iba a un lugar adonde yo no llegaba solo. Me enseñaba las tripas de la vida con la ternura de un bisturí, la tristeza del abandonado que tiene que hacerles a sus hijos una tortilla francesa para cenar mientras echa de menos a la que le abandonó. Me dio la frase con la que aún echo de menos a aquella persona que, como tu fantasma, se me aparece algunas noches.

Cuenta Sabina que cierto día, en una de esas reuniones de poetas a las que le encantaba ir, estaban discutiendo sobre quién era el mejor poeta del momento. Sabina nombró a Krahe sin que el resto le hiciera mucho caso. Entonces, aprovechando un silencio, empezó a recitar:

> *Tú que has tenido la rara fortuna*
> *de conocer*
> *el corazón a la luz de la luna*
> *de mi mujer.*
> *Tú, que supiste cogerle el tranquillo*
> *a sus abrazos,*
> *más de una vez te adivino en el brillo*
> *de sus ojazos.*
> *Aunque el ensueño se vista de seda*
> *no me entusiasma*
> *cuando en la noche una sábana enreda*
> *y es tu fantasma.*

Todos callaron y preguntaron de qué poeta era eso.
—¡Es del Krahe, gilipollas!

Ya puedes darle la vuelta al libro. Espero sinceramente que todos se hayan reído de ti, si estás en un sitio público, por leer un libro al revés y que tú lo hayas hecho de ti mismo por parecer imbécil. Lo he hecho para eso.

Pocas noches después de la muerte de Cecilia y aprovechando que mis padres han salido, me quedo viendo una película (a pesar de que tiene un rombo) mientras vigilo la puerta por si vuelven. Se llama *Picnic* y en ella Kim Novak y William Holden se ponen a bailar de una manera algo distinta a Ballet Zoom o a Fred y Ginger. En mi interior ocurre algo muy raro y en mi exterior algo muy perturbador. Una mutación ahí abajo que no supe gestionar y que simplemente dejé que pasara sola, me anunciaba que, evidentemente, había llegado mi adolescencia...

Creo que uno de los primeros actos de independencia personal que sentí como real fue cuando decidí empezar a escuchar mis propios programas, cuando me llevaba a mi cuarto mi propia radio y, lejos del carrito de mi madre, empezaba a andar por el dial buscando cosas que me valieran. Uno empieza por aquello de lo que todo el mundo habla y, por eso, lo primero fueron Los 40 Principales. Por aquel entonces, la radio musical era un batiburrillo muy parecido a la discoteca de mi padre, que mezclaba la música más comercial, la menos *mainstream* y hasta la más tradicional. En *Los 40* aún sonaba gente como Manzanita con «Por tu ausencia», mezclado con Led Zeppelin, Jean Michelle Jarre o Los Secretos. Sería de nuevo el *collage* lo que me llevaría a lo puro cuando empecé a escuchar en esa emisora un tema llamado «Stars on 45» que, con una música disco tipo «Fiebre del sábado noche» y el concepto del remix que estaba de moda entonces, repasaba la música de los sesenta como a trocitos y sacaba los mejores momentos de cada tema. Y, entre ellos, estaban el «Sugar, Sugar», de los Archies, y los Beatles con su «Drive My Car» o su «We Can Work It Out».

¿Sabes cuando de repente te flipas por la calle porque vas con los cascos escuchando música y pierdes la mirada en el cielo y cantas el estribillo de la canción con profundísima emoción y te olvidas de que hay gente? Pues esa es toda mi adolescencia.

El resultado de esta mezcolanza de impulsos en mi oreja fue que, cuando llegó mi duodécimo cumpleaños, mi madre me llevó a mi primera tienda de discos para que eligiera tres de ellos. Salí de allí con *Balla!*, de Pino Dangio, un disco de Simon & Garfunkel que anunciaban por la tele y un recopilatorio de canciones de amor de los Beatles. Mi madre me miraba raro aunque, en realidad, me miraba como me ha mirado siempre: raro.

Por si fuera poco, además de ir conquistando el territorio de mi privacidad habitacional y auditiva, iba conquistando terrenos exteriores, aún pequeños, como las casas de mis primos o vecinos.

Las noches del sábado, la emisión de *Los 40* se detenía a la una de la madrugada (hora en la que yo aún leía bajo la manta con la linterna y mi sonotone) para emitir un programa que se llamaba *El flexo*. En él Juan Luis Cano, Jaime Barella, Guillermo Fesser y Santiago Alcanda hacían la cosa más loca que una oreja casi infantil podía escuchar: un programa de humor que poco tenía que ver con aquel formalísimo *Debate sobre el estado de la Nación* que escuchaba con mi madre. Unos tipos jóvenes haciendo voces locas, inventándose personajes con nombre de juegos de palabras y creando situaciones surrealistas o cantando canciones como «Porqué metes los pies en la sopa». Aquello me parecía tan loco que pensaba que les dejaban hacerlo probablemente porque era tan tarde que creían que nadie lo iba a escuchar. Era, obviamente, un espacio de libertad y creatividad que sólo podía conseguirse camuflado en la madrugada. No tenía ni idea de que esa sería una de las enseñanzas que apliqué cuando, años después, el Monaguillo y yo nos planteamos qué hacer con esa franja que nos dejaban por el mismo motivo, porque nadie lo iba a escuchar.

Aquellos tipos lo acabaron petando tan fuerte que una radio nueva llamada Antena 3 los contrató, y yo me fui con ellos, por supuesto. Y en Antena 3, de nuevo, algo que me entró por las orejas me acabó cambiando la vida.

Parte de los de *El flexo* se presentaron en la nueva emisora bajo el nombre de Gomaespuma y yo dejé a Luis del Olmo para las mañanas y los momentos de escucha comunitaria con mi madre y conquisté un territorio más: el de cambiar de dial a esa radio cuando ya estaba solo. Gomaespuma hacían su programa los sábados por la noche y, mientras esperaba a que empezaran, un director de cine llamado José Luis Garci hacía un programa llamado *Solos en la madrugada*, cuyo comienzo coincidía con el final de la película que pusiera esa noche Televisión Española. En un mundo como en el que yo vivía, con dos canales de televisión, esas cosas tenían su lógica. Así que mis sábados empezaron a reordenarse en función de ellas. Veía la película que diera La 1 si tenía sólo un rombo y me dejaban quedarme, y después me iba corriendo a la cama para escuchar a Garci, que normalmente hablaba un poco de la película que acababan de emitir. De esta forma bastarda, una vez más, descubrí el placer de ver una película y luego hablar de ella con gente. Rememorarla, saborearla, contrastarla con otras personas que también la acababan de ver. Como veis, a los que os suene algo esto, no he inventado nada. Vine al mundo después de Krahe, poco puedo decir ya que no sea plagiándole.

Todo se ha dicho ya, todo existe en distintos formatos, con diferentes ritmos y tonos, las ideas básicas están ahí desde los griegos, que las cogieron de los egipcios, que las cogieron de…

Decía Picasso que el mejor artista es el que mejor sabe copiar y eso es exactamente lo que él hizo. Para poder pintar esos cuadros, antes tuvo que conocer muy bien toda la pintura clásica para deformarla, reducirla al concepto, hacerla accesible y novedosa a un mundo que ya había visto a Velázquez. Por eso hay que ir atrás continuamente, por eso el presentismo es, como leí una vez, paletismo en el tiempo.

No fueron los aviones…
Fue la belleza lo que mató a la bestia.

ROBERT ARMSTRONG, en *King Kong*

Otra característica de aquella época es que, una vez dejabas la radio en un dial, ahí se quedaba permanentemente anclado. Así que me hice de Antena 3. Entre semana, aunque no estaban ni Garci ni Gomaespuma, yo escuchaba lo que dieran: la tertulia de Miguel Ángel García Juez, las plantas curativas del padre Mundina, lo que fuera. Y, por la noche, de nuevo muy tarde, de nuevo como un tipo de programa que existía como concepto gracias a la confianza de que poca gente lo iba a escuchar, empezaba a sonar el «Stardust», de Bing Crosby, y una voz anunciaba: «Cada noche llega a su casa *Polvo de estrellas* y todas las noches está con ustedes Carlos Pumares».

Era un programa sobre cine; la gente llamaba y hablaba de películas que le gustaban, de alguna que vieron en su infancia, de clásicos y de modernos sin solución de continuidad. Pero de cine. Y el presentador, un tipo escandaloso, gruñón y muchas veces malencarado, transmitía su amor hacia el cine, una pasión cuando describía tal o cual escena de cada película de tal forma que ese adolescente raro y granudo aprendió muchas cosas gracias a él.

Aprendió del poder de la pasión. De la fascinación ante la gente que sabe mucho de algo y que es, además, capaz de transmitirlo y contagiarte de ello. Aprendió de lo benigno que es hacer llegar a la gente, en este caso a un casi niño/casi adulto, algo que te gusta, que te hace feliz, algo de lo que tú, con los años, has ido sacando enseñanzas, alegrías, placer.

Y aprendió también el poder de la evocación. Yo no había oído hablar de la mayoría de las películas de las que hablaban ni desde luego las había visto, pero a golpe de pasión Pumares me había contagiado las ganas de saber más sobre ellas hasta que pudiera verlas cuando las pusieran en televisión, que era la única manera de verlas en aquel momento.

Mi amor al cine viene de escucharlo y de vivirlo después. Hacer una lista de los momentos más emocionantes que he vivido en un cine es llenarla de flashes, de instantes. Pongo algunos, aunque son pocos.

FOGONAZOS DE CINE:

- Depardieu y De Niro con la chorra fuera en *Novecento*
- John Belushi en la avioneta de *1941*
- El boli girando en *2001: Una odisea del espacio*
- El número musical de *1917*
- La feria de los robots de *Inteligencia Artificial*
- El coche volador de *Un sabio en las nubes*
- La tristeza de William Hurt en *El turista accidental*
- Spencer Tracy comiéndose una pistola de regaliz en *La costilla de Adán*
- Viernes en *La familia Addams*
- Chaplin saliendo de la arena en *El aventurero*
- La aparición de Thor en *Aventuras en la gran ciudad*
- Errol Flynn comiendo un pollo en *Robin Hood*
- Tintín encontrándose con Hergé en un mercadillo
- Katharine Hepburn tirando la ginebra de Humphrey Bogart en *La reina de África*
- Cary Grant de rodillas en *Tú y yo*
- Las llaves cayendo de una ventana en *Jo, ¡qué noche!*
- El paraguas de Michelle Pfeiffer en *La edad de la inocencia*
- El parto de *Agnes de Dios*
- Rex Harrison de papa belicoso en *La agonía y el éxtasis*
- El pasajero del taxi de *Aterriza como puedas*
- La entrada del príncipe Ali en *Aladdín*
- La batalla de caballos contra hombres en *Alexander Nevsky*
- El desayuno en *Alien: El octavo pasajero*
- Eva Harrington presentándose a Margo Channing en *Eva al desnudo*
- Jessica Lange de novia en *All That Jazz*
- El cuaderno de Robert Redford en *Todos los hombres del presidente*
- El cartel de *Always*
- Los orgasmos simultáneos en *Amélie*
- La ducha de Kevin Spacey en *American Beauty*

- Denzel Washington quemando a alguien
en *American gangster*
- El «somos un dúo» de *Fievel y el Nuevo Mundo*
- Lee Remick hablando de sus bragas en *Anatomía
de un asesinato*
- Robert Mitchum acelerando en *Cara de ángel*
- Robert De Niro pelando un huevo duro en *El corazón
del ángel*
- La sonrisa de James Cagney frente a la silla eléctrica
en *Ángeles con caras sucias*
- Woody Allen en la cola del cine en *Annie Hall*
- Tom Cruise haciendo de loco en *Taps, más allá del honor*
- Cary Grant mirando en el arcón en *Arsénico por compasión*
- Burt Reynolds bailando en *Un largo y definitivo amor*
- Jack Lemon y Julia Mills bañándose desnudos en *Avanti*
- Leonardo DiCaprio acumulando su pis en *El aviador*
- El principio de *Baby Driver*
- El barrido por los relojes de la casa de Doc
de *Regreso al futuro*
- Los profesores yendo a ver a Barbara Stanwyck actuando
- Robert Redford diciendo «Tengo los labios entumecidos»
en *Descalzos por el parque*
- Bogart mojado en el entierro de Ava Gardner
en *La condesa descalza*
- Jack Nicholson bailando con Kim Basinger a la luz
de la luna en *Batman*
- El pueblo camino del puerto de Potemkin en *El acorazado
Potemkin*
- Un fuerte lleno de gente muerta al principio de *Beau Geste*
- La sala de espera del médico de *Beetlejuice*
- Cada uno de los paseos de Jesse y Céline en *Antes
del amanecer*
- Peter Sellers en bata en *Bienvenido, Mister Chance*
- El cuarto de Catherine Deneuve en *Belle de Jour*
- Jorge Sanz y Ariadna Gil cambiando sus géneros
en *Belle Époque*

- «No quiero que me vea así», en *Ben-Hur*
- Charlton Heston perdiendo la voz en *El planeta de los simios*
- La primera vez que vemos las manos de hierro en *Los mejores años de nuestra vida*
- El sacrificio de Gene Hackman en *La aventura del Poseidón*
- El padre y el hijo junto al río en *El ladrón de bicicletas*
- El sueño del cura de *Bienvenido, Mister Marshall*
- Tom Hanks bailando sobre el piano
- El circo de *Big Fish*
- El sueño de *El gran Lebowski*
- Humphrey Bogart entrando con gafas en una librería en *El sueño eterno*
- La celda de Burt Lancaster en *El hombre de Alcatraz*
- Los periquitos bailando en el coche de *Los pájaros*
- Las tiendas de comida oriental en la calle de *Blade Runner*
- El pelo sucio de Bruce Willis en *Cita a ciegas*
- El carrito de perritos calientes en *Acero azul*
- La oreja de *Blue Velvet*
- Aretha Franklin en *The Blues Brothers*
- Las canciones demoníacas de *Ciudadano Bob Roberts*
- William Hurt y Kathleen Turner sudando en la cama en *Fuego en el cuerpo*
- El plano secuencia de *La hoguera de las vanidades*
- El baile con los marinos de Eleanor Powell en *Nacida para la danza*
- Eddie Murphy cruzando la carretera en *Bowfinger*
- El bañista suicida de *Novio a la vista*
- Las novias de Drácula devorando en *Drácula, de Bram Stoker*
- Aly Sheedy jugando con su caspa en el pupitre en *El club de los cinco*
- La campaña política de Richard Pryor en *Brewster's Millions*
- La aparición de la novia en *La novia de Frankenstein*

- Alec Guinness encerrado en *El puente sobre el río Kwai*
- El bar de la estación de *Breve encuentro*
- William Hurt fingiendo llorar en *Broadcast News*
- El bar donde se reúnen los cómicos de *Broadway Danny Rose*
- De Niro enseñándole a su hijo que, si ella quita el seguro de la puerta del coche para que se la abras, es que le importas
- Las persecuciones de *Bullit*
- Paul Conroy y la serpiente en *Buried*
- Buster Keaton retirando maderas de la vía en *El maquinista de La General*
- La pelea en la puerta en la calle de *Cabaret*
- La muerte de Greta Garbo en *La dama de las camelias*
- El barco de *El capitán Blood*
- Spencer Tracy cantando «¡Ay, mi pescadito!» en *Capitanes intrépidos*
- El principio, que es el final, de *Carlito's Way*
- Carrie crucificando a su madre en *Carrie*
- Bogart jugando al ajedrez con Peter Lorre en *Casablanca*
- Elizabeth Taylor rogando sexo a Paul Newman con un cinturón rojo en la cintura en *La gata sobre el tejado de zinc*
- DiCaprio falsificando billetes de avión en *Atrápame si puedes*
- El baile sobre el puente de *Cats*
- La pelota botando por la escalera en *El final de la escalera*
- Cary Grant duchándose vestido en *Charada*
- La paliza a Marlon Brando en *La jauría humana*
- El miedo que da la niña de *La calumnia*
- Nicholson perdiendo la nariz en *Chinatown*
- La crítica manipulada de *Ciudadano Kane*
- Elizabeth Taylor saliendo de una alfombra en *Cleopatra*
- Stallone perdiendo a su novia en *Máximo riesgo*
- «Cantando bajo la lluvia» en *La naranja mecánica*
- El puré de patatas de *Encuentros en la tercera fase*

- La abuela de Coco recordando
- Las bolas sobre la mesa de billar en *El color del dinero*
- John Wayne luchando en el barro en *El gran McLintock*
- Arnold Schwarzenegger con una sierra en un brazo, un árbol en otro y fumando un puro al principio de *Comando*
- La bruja que se convierte en lobo de *Conan*
- El primer vuelo de *Condorman*
- El final de *Contact*
- Gene Hackman escuchando una conversación en un parque en *La conversación*
- El baile del tren al final de *Cotton Club*
- La mirada de Landa al perder a su hija adoptiva en *El crack dos*
- «O me devuelves el mechero o te quemo los huevos», en *El crack dos*
- Los pantalones de Burt Lancaster en *El temible burlón*
- La conversación sobre Estela Plateada en *Marea roja*
- Las torturas de *El crimen de Cuenca*
- El duelo inicial de *Cyrano*: «Y al finalizar os hiero»
- Matt Murdoch metiéndose en una bañera para no oír nada en *Daredevil*
- Los columpios de *Almuerzo sobre la hierba*, de Jean Renoir
- El sol de *Days of Heaven*
- Las hojas arrancadas de *El club de los poetas muertos*
- El tinte en la frente de *Muerte en Venecia*

Como no podía ver esas películas, empecé a leer sobre ellas tras conquistar un nuevo territorio: las bibliotecas públicas. Allí, escondidos siempre en algún rincón, había un par de libros sobre cine, biografías de actores o directores que algún despistado o algún generoso había llevado ahí. Después de preguntar por ellos en el mostrador, me los llevaba a mi casa como quien saca una piedra de Sankara de *El templo maldito*.

Allí me encontré también a Goscinny y a Uderzo. Los libros de *Astérix* eran muy caros y yo sólo había podido leer alguno en casa de un primo con posibles. En la biblioteca de mi barrio los tenían todos, y allí me los leí. A mi madre le dije que en la biblioteca estudiaba mejor porque soy un farsante desde hace años. Creo que la primera vez que entendí que una historia me estaba contando otra en realidad, que vi la cadeneta que había en las obras importantes, fue leyendo *Obélix y compañía*, aquel cómic en el que los menhires de repente se ponían de moda en Roma y Obélix se convertía en un empresario millonario. Ya sé que suena obvio en tu mente de ahora, pero para mí fue comprender la metáfora de aquella situación y aprender a aplicarla a la vida real: fue aprender a sacar gasolina de un coche chupando una manguera.

Otra cosa de muchas a la que me llevó Pumares fue a descubrir otro de mis lugares felices de la vida. A veces don Carlos no tenía ganas de hacer la última hora del programa, la que iba de las tres a las cuatro. El éxito de ese programa había hecho que empezase durando media hora y acabase durando tres. Así que, de vez en cuando, en la última hora Pumares presentaba una banda sonora, dejaba al técnico pendiente de que el disco no estuviera rayado y de poner la cara B y él se marchaba a su casa a dormir.

A mí al principio esto me daba mucha rabia; yo quería llamadas, quería escucharle enfadarse cuando le preguntaban mil veces por *2001: Una odisea del espacio*, quería *show*; pero poco a poco me fui aficionando a esos momentos en los que estábamos solos la música y yo, una música que jamás hubiera puesto por mí mismo, una música que no estaba en la discoteca de mi padre.

Sonaban bandas sonoras completas, sonaban cantantes que habían nacido (y algunos habían muerto) mucho antes de que yo naciera, y así fue como acabé amando a Sinatra, Judy Garland, Bing Crosby, Sammy Davis Jr., Ella Fitzgerald o Louis Armstrong. Escuchaba a Carlos repetir que muchos de ellos hacían una música que se llamaba jazz y, de hecho, Bing y Louis tenían un tema que ponía mucho que se llamaba «Now You Has Jazz», de la banda sonora de *Alta sociedad*.

Casi a la misma vez descubrí que amaba el jazz y el cine, y fue por culpa de esa persona. No le conozco, pero me encantaría que, si alguien lo conoce, le pase al menos esta parte del libro para que sepa que fue mi maestro en muchas cosas y el gran surtidor de tantos momentos de felicidad que me han dado el cine, la radio y la música. No tengo gracias suficientes para darle todas las que se merece.

Vivo en la vieja casa
de la bombilla verde.

Silvio Rodríguez

Quizá, llegados aquí, sea el momento de hablar de maestros. No de los de mi colegio, sino de aquellos que, por mi suerte o porque todos tenemos un radar que localiza a los que son como nosotros y ellos lo tenían activado, me ha ido trayendo la vida.

Fue uno de esos veranos de mi adolescencia cuando conocí a Procopio, y ahora, de repente, este libro va a convertirse en un cuento para que escuchéis mi historia con él, como si alguien os la estuviera contando junto a la cama con sólo una lamparita encendida:

El regalo de don Procopio

Tengo catorce años y una incapacidad casi completa para integrarme en la sociedad. Digo «casi» porque me quedaba, creo, la justa para que mis padres no me llevaran al médico o alguien llamase a la policía.

Mi familia veraneaba en una residencia preciosa del Banco de España que había en Roda de Berà (muy cerca, por cierto, del chalet de Luis del Olmo, a quien yo admiraba en la distancia, pero a menos distancia allí, aunque jamás le vi). Si con la adolescencia toda persona se fabrica un capullo y se mete dentro de sí mismo para salir convertido en algo muy parecido al adulto que ya va a ser, lo mío tenía más la apariencia de una cámara acorazada, como la habitación del pánico de Fincher, con asma incluido. Por si faltaba amianto, mi padre, en un viaje a Ceuta, compró uno de esos primeros walkman que llegaban a España. Esos con esponjillas naranjas hechas de un material que acababa desapareciendo dentro de tu oído.

Para mí fue, sin duda, el regalo que los dioses de la pubertad me traían para estar todo el día con ellos puestos escuchando cintas piratas de mercadillo de Simon & Garfunkel, Leño y Los Cinco Latinos (gracias al disco *En directo*, de Serrat, había descubierto el tango «Cambalache» y fue esa la cinta de tangos que pude encontrar). Todos los residentes me miraban no pensando que estaba en un capullo, sino que lo era.

Aquel verano tenía dos objetivos; lo de decirle a todos los adultos lo equivocadísimos que estaban y mi fórmula magistral para arreglar el mundo pensaba dejarlo para los dieciocho. El primer objetivo era leerme todo lo que pudiera de la colección *Best Sellers Planeta*, que podía conseguir gratis en la biblioteca de la residencia. Era una serie de libros de edición barata que me dieron de comer joyas como: *Los pájaros*, *Psicosis*, *La amenaza de Andrómeda*, *El cartero siempre llama dos veces*, *El largo adiós* (mi primera cita con Chandler y la novela negra, que me llevaría a Hammett y a mi libro favorito del género, *Cosecha roja*). Paseé por esa colección entre adaptaciones literarias de películas, como las de *En busca del arca perdida* o *El retorno del Jedi*, y obras que ya existían y que yo sólo me leía porque tenían una película. Estas resultaron ser infinitas: *Matar a un ruiseñor*, *La guerra de los mundos*, *El diario de Ana Frank*, *El hombre menguante* o *Alguien voló sobre el nido del cuco*.

Me leí unos veinticinco libros en esos quince días que pasé allí. Creo que al ver esas obras adaptadas, nació la sensación de que era imposible comparar la obra literaria con la cinematográfica. La selección aleatoria me dejó claro que aquel chiste de la cabra que se estaba comiendo una lata de película mientras musitaba: «Me gustó más el libro» era más de lo que aparentaba, era una crítica a lo básico que es tratar de compararlos.

Como siempre, el orden en el que te llegan las cosas es determinante para la enseñanza que sacas. Allí me leí también la novela *Tiburón*, de Peter Benchley, en la que estaba basada esa peli tan famosa pero que yo no había podido ver aún. La novela me pareció una nadería y me quitó las ganas de ver la película durante años... Os dejo que saquéis la enseñanza solitos.

Mi segundo objetivo, ya lo he dejado claro, era tratar de tener las menos interacciones con personas como fuera posible, exceptuando mis padres y mi hermana, a los que tenía que ver a las horas de las comidas sí o sí. Ese tipo de residencias de empleados funcionaban de forma muy parecida a la playa de *Las vacaciones del señor Hulot*, de Jacques Tati: un grupo reducido de personas comparten espacio estival con mucho tiempo que perder en mirarse unos a otros. Nada que me importara menos. Salvo la playa. No he sido nunca de playa y Pumares me dio la frase que me ha salvado de ella: «Iré cuando la asfalten».

Así que mi plan de aislamiento incluía tener los horarios más opuestos posible al resto de los seres humanos. Así, durante la mañana, cuando todos llevaban su sobrecarga de bártulos a la arena destinados a que les pareciera su casa, yo me quedaba leyendo en una enorme terraza con vistas al mar que ocuparían ellos por la noche para tomarse la copita de antes de dormir mientras yo paseaba por la playa.

Sólo una persona, por otros motivos, se quedaba en esa terraza durante la mañana: Procopio. A mis catorce, él tenía unos mil años y, al verle andar, supongo que él sí que únicamente podría bajar a la playa si de verdad la asfaltaban. Así que su familia lo dejaba ahí con una tónica y unas patatas y Procopio miraba fijamente al mar hasta que volvían a por él, salados y rojos, para ir a comer.

Los primeros días no hablamos, ninguno parecía tener ganas, hasta que bajé un día con el libro que me tocaba, *Matar a un ruiseñor*, y Procopio osó dirigirme la palabra:

—Atticus Finch es uno de los personajes más bonitos que se han escrito nunca, y Gregory Peck jamás estuvo mejor. Juntos representan la integridad.

Para leer yo me ponía una cinta de Count Basie, que era de lo poco instrumental que tenía. Apagué al conde.

—Yo la película no la he visto.

—La película es preciosa, debes verla, tiene uno de los títulos de créditos más bonitos que he visto, con una caja que enseña los juguetes de un niño y música de Elmer Bernstein.

Espera un momento... Este viejo sabe de cine, conoce a Elmer Bernstein, al que yo tenía fichado de cuando Garci ponía la música de *La gran evasión* o de *Los siete magníficos*. Siempre me liaba con Leonard, me costó mucho diferenciar quién era el de *West Side Story*.

Procopio sabía mucho de cine. Se había pasado la vida yendo a las salas todos los días, pero no se había limitado a ver las películas. Conocía a John Ford, a Raoul Walsh, a Truffaut. Sabía diferenciar sus estilos, sus maneras de contar.

Si le dabas un nombre como James Cagney o Howard Hawks, él empezaba a desentrañar de su memoria películas, escenas, filosofías... Ni que decir tiene que dejé de leer por las mañanas el resto del verano. Desayunaba y me iba a la gran terraza junto al mar a esperar a que la familia de Procopio lo depositase y tuviera su tónica en la mesa para asaltarle a preguntas de películas que yo soñaba con ver:

—¿Y *Sinuhé, el egipcio*?

—Es muy bonita, pero ahí te tienes que leer la novela, porque la convirtieron en un producto demasiado de Hollywood y la novela va más allá.

No sé qué edad tenía Procopio. Para un crío, un viejo es un viejo;

igual que para un viejo, un crío es un crío, sin matices. Pero su cabeza estaba llena y fresca y eso me fascinaba.

Supongo que después de lo que estoy contando, os podéis imaginar cómo fue para mí ver *Cinema Paradiso* y por qué lloro cada vez que la veo.

Un día sonó el Dúo Dinámico, recogieron las mesas y hasta otro verano... Procopio desapareció de mi vida, pero no de mi cabeza, y aquí viene por qué cuento su historia.

Cinco años después, mi padre llegó del banco una tarde y me preguntó que si me acordaba de aquel señor mayor, que era el padre de un compañero suyo, con el que hablaba tanto en Roda de Berà. Le dije que por supuesto.

—Pues ha muerto, murió hace un mes y, al parecer, había dejado esto para que su hijo me lo diera y yo te lo entregara a ti.

Mi padre me dio un sobre grande y abultado, de esos de cartón e hilos entrelazados. No había nada escrito en él, lo abrí y estaba lleno de programas de mano de películas antiguas.

Procopio me había hablado de ellos; eran pequeños folletos que repartían en los cines con el cartel de la película que se iba a estrenar próximamente en una cara y un texto pomposo en la otra:

«Prestará usted un valioso servicio a la sociedad si puede identificar a *El fugitivo de Amberes*».

O:

«¡Sea de los primeros en conocer y aplaudir *La túnica sagrada*, la revolución del cinematógrafo!».

Y así unos doscientos programas, primorosamente guardados, que Procopio había decidido que tuviera yo. Y aún los tengo, delante de mí, en una carpeta que lleva conmigo toda la vida. Si, como dicen en *Coco*, uno no muere hasta que el último que le recuerda deja de nombrarle, espero que Procopio haya sonreído hoy.

Por cierto, repasando ahora la colección, he visto el 90 por ciento de las películas que aparecen. Aún me sigues ganando, Procopio, viejo cabrón.

Y colorín colorado...

VICTORIA TENNANT:
¿Y si me marchase...?
STEVE MARTIN:
Lo único que sé es que el día que tu avión fuera
a salir —si yo tuviera ese poder— convocaría la
furia de los vientos, haría descender la niebla,
desencadenaría tormentas y cambiaría la
polaridad del planeta para que las brújulas no
funcionaran y tu avión no pudiera despegar...

Tres mujeres para un caradura

Además del territorio de mi propio dial, empezaba a conquistar otros, aún ridículos, pero que expandían mi universo más allá del salón de mis padres: las casas de mis primos y vecinos.

Si no tienes hermanos mayores, como era mi caso, tus primos ejercen el papel de mostrarte la música que tus padres ya dejaron en el camino. Un día, en casa de uno de mis primos, escuché un disco que sonaba, de nuevo, como nada que hubiese escuchado antes. Se llamaba *Songs in the Key of Life* y era de un tío al que yo había escuchado en *Los 40* cantando a dúo «Ebony and Ivory» con uno de los Beatles, Paul McCartney. Se llamaba Stevie Wonder. Este disco era anterior a esa colaboración con McCartney y estuvo a punto de provocar un cisma familiar el día que mi primo dijo:

—¡No quiero que venga Arturito, que no me deja poner otra cosa que Stevie Wonder!

De nuevo, mi madre lo solucionó gastando dinero: me llevó a la tienda de discos para comprármelo. Era caro, era doble y dentro llevaba un single con cuatro canciones más. Su esperanza era que, al tenerlo en casa, no le diera la barrila a mi primo cuando fuéramos a la suya. Y, efectivamente, ya en mi casa destrocé el disco surco a surco de tanto escucharlo. Y, por supuesto, el primer día que llegué a casa de mi primo lo primero que dije fue:

—¿Me pones el de Stevie Wonder?

En un caso tan obsesivo como el mío, es complicado decir cuál es el disco que más veces he escuchado en mi vida. Tengo claro que este sería de los primeros, como tengo claro que, cuando yo elegía las cosas en vez de dejarlas que me invadieran de manera natural, siempre nombraba «As» como la canción de mi vida. No lo es, porque hasta en eso es reductor hacer rankings y estos cambian cada día, pero sin duda es una de ellas.

Somos más fuertes ahora,
pero no somos nosotros,
es todo lo que nos rodea.

MARÍA, en *West Side Story*

En esa lista enfermiza de discos que he escuchado mas veces en la vida, estaría uno que pesqué en el territorio dos: la casa de los vecinos.

Siempre que subía revisaba su colección de discos. Es otra de las cosas que me ha fascinado siempre, ir a las casas y revisar sus libros y discos. Esto viene de mi afición por el *collage*. En mi infancia, los quioscos eran un festival de impulsos visuales y podía pasarme un buen rato mirándolos hasta que mi madre tiraba de mi brazo. Había tantos cómics, revistas, libros, periódicos… Eran un bufet libre de cosas que me fascinaban, sólo que no era libre. De hecho, la única vez que me perdí de pequeño fue por mirar un quiosco; me quedé parado mientras mi madre avanzaba y, cuando quise darme cuenta, era Chencho en la Plaza Mayor. Afortunadamente, un señor me cogió de la mano y flipó porque, con cuatro años, ya era capaz de darle exactamente la dirección de mi casa y hasta decirle el camino más corto. Repelente desde 1969.

En casa de mi vecina, siempre me quedaba un rato mirando un disco con portada roja que me llamaba la atención. El título estaba en inglés y no había caras de cantantes en la portada. Una noche en que Pumares decidió acostarse pronto, dejó puesto un disco que anunció como «La banda sonora de *West Side Story*». ¡Eso era lo que ponía en esa portada!

Al día siguiente, subí a su casa a primera hora a pedirle que me pusiera el disco rojo. Me pasé la mañana sentado a los pies del tocadiscos para poder cambiar de cara cada vez que se acababa mientras leía, lo recuerdo, *Diario de un niño tonto,* de Tono. Mi vecina me observaba cambiar el disco cada vez que se terminaba, creo que pensando que la lectura que había elegido no me podía pegar más. Cuando mi madre me llamó por el patio para bajar a comer, mi vecina me dijo:

—Este disco lleva aquí toda la vida y no lo hemos puesto nunca, no sé ni cómo llegó a esta casa. Creo que te lo debes quedar.

Bajé las escaleras con el disco bajo el brazo como las bajaría Moisés con las tablas si el Sinaí hubiera tenido escaleras. Comí rápido para poder volver al salón a escucharlo.

Hay gente así, gente buena a la que les fascina tu pasión y que la fomenta. Creo que está en el ser humano amar a quien se manifiesta enamorado de la belleza. Creo, de hecho, que es algo que se contagia, que si te rodeas de gente que la ama, la acabas amando tú. Creo tanto en ello que me he centrado en hacer cosas sobre mis pasiones con la esperanza de que a alguien puedan hacerle tan feliz como a mí. Y creo en ello porque no es la única vez que me ha pasado algo así.

No soy experto en pintura. Cualquiera que haya visto cómo dibujo entenderá que, si me pusiera aquí a pontificar sobre ella, eso justificaría por sí mismo hacer un *Fahrenheit 451* sólo de ejemplares de este libro. Sin embargo, sí que soy amante de lo que la mano de alguien es capaz de hacer sobre un lienzo. Durante mis visitas a museos, he tenido mis orgasmos ante Velázquez, Picasso o Hopper, como mandan los cánones. Pero en realidad ha habido un único autor de quien haya deseado tener un cuadro: Eduardo Úrculo. Lo conocí porque era amigo de Garci y, de vez en cuando, lo llevaba a su programa. Todo el que salía en él, cualquier amigo de Garci o de Pumares, se convertía en un referente para mí. Quería pertenecer a su círculo, sentarme como un niñato a una mesa con ellos y, simplemente, escucharlos hablar durante horas. Así que, en una de mis visitas a la biblioteca, pedí un libro sobre él.

Sus cuadros de personas de espaldas, sus sombreros y sus maletas me han fascinado de siempre. Creo que porque su manera de hacer es más cercana, en colores y hasta en trazo, al cómic que a la pintura más clásica.

Te he dicho que es el único pintor del que he deseado tener un cuadro y, la verdad, ¡es que lo tengo! Y es gracias a una historia que también me enseñó cosas.

Trabajaba en una productora que estaba preparando una mudanza a un lugar más grande. Aparentemente, las cosas iban bien.

Llegué allí un día y todo estaba lleno de cajas. El jefe me llamó a su despacho, que también estaba desangelado, como las habitaciones ventiladas del amor cuando se marcha. Mientras él decía cosas, yo no podía apartar la mirada de una pila de cuadros apoyada contra la pared, así que, como siempre he tenido mal estar en los despachos, me levanté y le escuché mientras miraba una sucesión de pósters de esos que las empresas y las habitaciones de hotel deben de comprar al peso: Amaneceres, sirenas, un payaso con una flor... Hasta que me detuve en uno.

—José Miguel, oye, este cuadro no debería estar aquí.

Ya, en el fondo lo que debería haber dicho es: «Debería estar en un museo». Lo pensé después, soy como el frutero de *Amélie*.

Lo que había visto era una litografía original maravillosa de Úrculo en la que un hombre y una mujer, de espaldas y con sus consiguientes sombreros, miraban a un horizonte que quedaba a la derecha del cuadro.

Le expliqué a mi jefe que Úrculo era un gran pintor, que era mi favorito, que entre tanta morralla era un peligro que esa joya se acabara perdiendo o que algún decorador desinformado prefiriera la sirena y lo metiera en un almacén. Le pedí que lo sacara de ahí y eligiera una pared especial para el cuadro en la nueva oficina.

—Llévatelo —me dijo.

—¿Qué?

—Mira, este cuadro ha estado aquí diez años. Nadie ha hecho jamás un solo comentario sobre él, ni siquiera yo, que para mí era un cuadro más. Lo vamos a poner en la nueva oficina y va a pasar lo mismo excepto cuando vengas tú. Creo que donde debe estar es en tu casa.

Y en mi casa está desde entonces. Gracias, jefe.

Años después, una persona vino a mi casa y vio la colección de monedas que sacó la revista *Don Miki* en una estantería. Era una publicación de cuando yo era peque (donde conocí a Patomas y, por lo tanto, a Batman). Durante una serie de números sacaron con cada ejemplar una moneda de cobre que correspondía a un capítulo de una de las mejores historias de *Don Miki*. Cuando vi la ilusión con la que lo miraba, se las regalé.

Es curioso, lo venden en eBay y nunca he querido recomprarlo. Me parece más bonito que estén con esa persona que las valoraba tanto. Porque soy un poeta. Bueno, y porque piden trescientos euros y tampoco soy tan nostálgico.

Las únicas personas que aman
a todas horas son los mentirosos.

Louis Jourdan, en *Gigi*

La llegada a mi casa del disco de *West Side Story* abrió una espita que aún no se ha cerrado. Yo lo escuchaba con ansia mientras trataba de imaginar cómo era esa película que no había visto ni podía ver hasta que alguien quisiera ponerla en televisión. Imaginaba sus escenas, su historia, dónde iba determinada canción y hasta de qué hablaban sus letras. La primera vez que intenté traducir lo que dice una canción fue con Los Beatles, como tantos en aquella época. Este disco no traía las letras, así que yo cerraba los ojos y trataba de adivinar qué significaba «cool» o «you are a jet all the way», pero no es fácil vivir con los ojos cerrados y, cuando al fin pude ver la película no se parecía en nada a lo que yo imaginaba y «Cool» no la cantaban porque hiciera muchísimo frío. Aprendí, eso sí, el poder de la evocación, de imaginar cómo serán las cosas, construirlas en tu cabeza.

Y empecé a amar los musicales. Había visto esas películas de Fred Astaire y Ginger Rogers bailando «The Continental» en la tele y recuerdo cómo toda mi familia protestaba cuando empezaban a cantar y a bailar mientras yo aplaudía por dentro. Me encantaban esos temas de Cole Porter y de George Gershwin sin tener ni idea de que se llamaran así.

De vez en cuando, la vida te besa en la boca y, por esas fechas, Pilar Miró entró de directora en TVE y puso los martes en el UHF (La 2) un ciclo de cine clásico. El primero que vi, claro, fue el de cine musical. Ahí vi *El pirata*, *Un americano en París*, *Melodías de Broadway 1955*, *My Fair Lady*, *La leyenda de la ciudad sin nombre*, *El violinista en el tejado*... Por aquella época, las cosas se acumulan, se dio que mi padre consiguió en el banco donde trabajaba entradas a mitad de precio para un musical que representaban en el teatro Monumental llamado *Barnum*. Lo interpretaba Emilio Aragón y allí nos dejó mi padre a mi hermana y a mí para verlo. Aquella obra marcó mi vida. Emilio hacía un despliegue de actor/cantante/artista de circo que me llevó a admirar para siempre a la gente que se deja la vida para entretenerte. Al salir le rogué a mi padre que me comprara el disco y, desde entonces, sus canciones me han acompañado siempre.

Muchos años después, Dani (otra vez) me ayudó a conocer a Emilio y poder contarle mi experiencia cuando vi esa obra, que nunca es de lo que se habla cuando se habla de él. Creo que le gustó saber que había influido en alguien de tal manera y también que se asustó un poco al comprobar que me sabía las canciones mucho mejor que él. Para mí fue un momento mágico. De hecho, debo decir que tan sólo dos veces en mi vida he pedido a alguien que me firmase su obra; la primera fue cuando Kirk Douglas vino a España para presentar *El hijo del trapero*, su biografía y uno de mis libros favoritos de cine. La otra fue hace pocos meses. En mi casa, ahora, ese disco de *Barnum* que me convirtió a la religión de los musicales y, por lo tanto, me regaló horas de felicidad, está firmado por Emilio.

That's why God made the movies.

Paul Simon

Cuando salí de ver *La La Land* me puse corriendo la canción inicial en Spotify. Ese temazo transmite todo el buen rollo del mundo. Iba por la Puerta del Sol sintiéndome dentro de un musical; parecía que la gente se movía al ritmo de la música y yo bajaba las escaleras sintiéndome Leroy Johnson en *Fama*. Fue de estos momentos en los que los demás seguramente te ven patético, pero a ti te da igual.

En mi cabeza iba sincronizando el momento en que la canción pega el subidón coral para que coincidiera con cuando cruzase el torno. Lo he visto en «Bad», de Michael Jackson, y el efecto es brutal. ¡¡Vamos allá, Gene Kelly!!

Pero, mierda, cuando metí el billete para abrir el torno, resulta que mi billete se había desmagnetizado y la luz se puso roja.

Tuve que ir al mostrador, pedirle a una señora que me lo activara y esperar a que lo hiciese mientras la canción llegaba al clímax colgada de mi cuello, lejana, para poder oír las protestas de la señora.

A la mierda la magia.

Porque la vida no es un musical.

En la vida nadie arranca a bailar en un atasco, nadie hace claqué en zapatillas. En la vida el sol no brilla en todas las estaciones. Los musicales son mentira. El mismo cine, a lo mejor no te has dado cuenta, es una maldita mentira.

La vida es eso que poco a poco nos convierten en rutina, obligaciones, realidades que organizan el caos, que doman los sueños, que nos ponen los pies en la tierra para que, si bailamos, no volemos.

Nacemos siendo free jazz y, poco a poco, nos van poniendo una caja de ritmos de fondo.

No, la vida no es un musical ni una carpeta de Mr. Wonderful. En la vida los sueños corren más que tú, por mucho que te hayan dicho que debes perseguirlos y que los conseguirás. En la vida no siempre ganan los buenos, ni los más válidos, ni siquiera los que más se esfuerzan. La vida es jodidamente injusta, desigual y frustrante.

Pero para que tú te levantes cada mañana, para que vayas a trabajar, para que te compres eso que venden tan caro, pero tan bonito, para que no dejes de hacer cosas, hace falta la gasolina de la mentira.

La vida no es un musical de Fred y Ginger, el amor perfecto no siempre triunfa, y los deseos duran lo que tarda en llegar esa factura que no podemos pagar.

En la vida no te enamoras en los atascos, no te cruzas mil veces con el amor de tu vida, no descubren tu talento de manera casual. No te toca la lotería ni tu jefe decide doblarte el sueldo en un arranque de justicia. Eso, sinceramente, no es la vida… Eso es el cine, la literatura, el teatro, la música.

Cada ser humano lleva dentro un mínimo de dos personas. Una de ellas hace las cosas que tiene que hacer cada día: baja la basura, trabaja, lleva las ruedas a revisión, llama a sus seres queridos para ver cómo están, prepara unas croquetas…

El resto de esa persona se emociona con una película, se conmueve con una canción inesperada, se pierde en un abrazo y llora con una decepción…

Somos rutina y magia. Tanto decirnos que nos busquemos a nosotros mismos y al final creo que somos lo único que queda cuando nos quitamos de encima todo eso que hacemos porque es racional hacerlo. Somos la magia que queda cuando superas la rutina. Somos lo que nos conmueve.

Al final la vida se parece más a *Casablanca* que a un musical de Busby Berkeley. Nunca hay un final en el que todos se saben la coreografía y celebran que las tramas han quedado felizmente cerradas.

La vida son esos aviones que han partido, esas historias que quedaron a medias, esas explicaciones que no se pudieron dar, es encoger los hombros y seguir al lado de una nueva amistad. La vida es ese París que queda cuando la guerra del día a día lo ha bombardeado todo.

Esa es la jodida realidad, la puta vida, la que no somos capaces de asimilar en toda su crudeza. Por eso algunos se agarran a la promesa de que más allá de la vida hay algo mejor; otros, a la esperanza de un golpe de suerte; otros, al dinero que tienen y a lo que pueden comprarse con él. Y casi todos, a la gran mentira de que no se pueden morir mañana.

Algunos, como la protagonista de *La rosa púrpura de El Cairo*, en lugar de maquillar la realidad, buscamos momentos para aplazarla. A veces necesitamos meternos en el cine, en un libro, en un universo de ficción para que, como una nana de tu madre, alguien te acaricie la frente y te diga que todo va a ir bien, aunque no lo sepa, aunque te mienta. Aunque tú sepas que te miente.

Necesitamos que algo nos diga que los sueños vuelan, que el amor brilla, que las copas están llenas a tope, que el «The End» vendrá justo cuando tiene que venir.

Por eso esta película es necesaria, porque nos da el subidón de la mentira, pero no nos oculta la realidad. Porque desde el principio nos aclara que la vida es eso que no para de darnos hostias y que no piensa parar, y que la única manera de afrontarla es levantarse cada día, sacudirse las frustraciones del anterior y esperar a que vengan las de hoy sabiendo que, entremedias de la realidad, vendrán cosas que nos harán bailar en las estrellas y nos darán fuerza hasta que vuelva a amanecer.

Lo más poderoso del ser humano no es su dinero, su posición o su éxito; lo más poderoso, lo que conoce todo aquel que ha tocado fondo, es su capacidad para remontar el vuelo por mucho barro que le echen en las alas. Y el verdaderamente fuerte no es quien alcanza sus sueños, sino el que es capaz de seguir soñando después de que tantos se le hayan escapado. Quien se sigue acostando con un brillo dentro la noche de Reyes, a pesar de que el mundo ya ha dinamitado sus ilusiones.

Cada uno busca sus fugas para reencontrarse con el rebelde sin causa que lleva dentro apretado entre obligaciones. Yo, ese día, saliendo de ver *La La Land*, lo sentí más cerca gracias a esta película, que no me va a arreglar la vida, pero que la ha hecho un poco más feliz mintiéndome lo justo.

Otro de esos golpes de suerte de mi infancia fue que, por aquel entonces —de nuevo los quioscos al rescate— anunciaban la colección «Historia de la música en el cine». Unos discos que, muy baratos seguramente por no ser del gusto de las masas, yo iba comprando con el dinero que lograba sisarle a mi madre diciéndole que era para fotocopias. No me siento orgulloso de ello, pero creo que mi madre veía que en casa había pocas fotocopias y muchos discos nuevos y, en su estilo, callaba pero consentía. Gracias a eso conseguí estas joyas:

- *En el calor de la noche*
- *La mitad de seis peniques*
- *Los caballeros las prefieren rubias*
- *Golfus de Roma*
- *El cazador*
- *My Fair Lady*
- *James Bond contra Goldfinger*
- *La calle 42*
- *Oklahoma!*
- *Sonrisas y lágrimas*
- *Una chica divertida*

- Las películas de Elvis
- *Alta sociedad*
- *Can-Can*, de Cole Porter
- *Los diez mandamientos*
- *Los siete magníficos*
- *Éxodo*
- *Rocky*
- *Cowboy de medianoche*
- *El rey y yo*
- Y, por supuesto, *El violinista en el tejado*

El violinista en el tejado me emocionó y lo sigue haciendo de una manera especial. Primero por la historia, aquel hombre que había nacido en un mundo que estaba cambiando y aprendía a asumir los cambios con resignación y sabiduría. Una historia que, si has llegado hasta aquí, ya sabrás que es un tema que me obsesiona. El tema del principio de la película, «Tradition», dura once minutos en los que Topol va contando las costumbres sagradas de su pueblo judío mientras repite una y otra vez que no sabe por qué son una tradición, pero que hay que respetarlas. Eso, realmente, significa ser un violinista en el tejado, tratar de aceptar el mundo que encuentras sin renunciar a los avances que vayan llegando, el equilibrio imposible.

Los carteristas ven primos,
los banqueros ven morosos,
el casero ve inquilinos
y la pasma, sospechosos
en el metro.
El general ve soldados;
juanetes, el pedicuro;
la comadrona, pasado;
el enterrador, futuro.

JOAN MANUEL SERRAT

Ahora tengo veintidós años, soy el discípulo tonto de Jack. Tomás Martín Blanco (uno de mis maestros, de mis yodas, de esas personas sabias que, aún no entiendo por qué y creo que paso de hacerlo, me han cogido de la manita en la vida) me lleva a dar un paseo por El Retiro de Madrid.

Recorremos el parque entero y, en cada árbol, Tomás se para y me cuenta cosas sobre él: de dónde viene, por qué sus hojas son así... Yo hago que le escucho con miedo a decirle que la botánica arbórea me interesa menos que la estructura mecánica de un bote sifónico. Pienso que estoy logrando fingir interés porque nos pasamos tres horas sin parar reconociendo rugosidades de cortezas que a mí me parecen de árbol y punto. Nos pasamos unos veinte minutos en su árbol favorito, el pruno. Ahí debajo se explaya, se hace grande, la chapa se convierte en tapa de alcantarilla. Ojalá recordase una sola frase sobre prunos para poderla poner aquí.

Al acabar, al menos, Tomás me recompensa con una limonada en una terraza del parque. Allí sentados me cuenta, por fin, por qué me ha dado la tabarra:

—Arturito, sé lo poco que te importa todo lo que te he contado.

Y, efectivamente, no me importaba una mierda, pero había pasado horas escuchando hablar a una persona brillante. Si en lugar de eso me hubiera hablado de métodos para humedecer tomates, también me habría quedado encantado. Tomás continuó:

—Te he metido esta chapa porque quiero que entiendas cuánto de importante te va a resultar en la vida pararte debajo de un pruno en cada cosa que hagas. Básicamente la gente vive, reacciona, se amolda y socializa de la forma en que ve que le resulta más fácil y le garantiza más éxito. Eso vale para casi todos, y casi todos serán bastante felices así, simplemente reaccionando. Pero tú eres un lúcido, y esto no te lo digo como elogio. El lúcido se plantea cada puta cosa de la vida, se pregunta, sospecha, casi nunca hace nada plenamente convencido. La lucidez te acerca a la verdad y te aleja de una patada la posibilidad de ser feliz.

Pero es como eres, te guste o no; es como soy yo y no me gusta, pero he aprendido a vivir así. Mirando con envidia, pero poca comprensión, cómo viven los otros y acostumbrándome a que nada de eso es para mí. Que lo mío, mientras los demás viven, compran y van a parques temáticos, es quedarme debajo de un pruno, a veces pensando, a veces sólo recelando.

Una mañana me despertaron con la más terrible de las noticias. TMB había muerto. Una de las personas a las que más he admirado, de las que más he aprendido. Un hombre mayor cuando le conocí del que aprendí cosas que aún repito como un papagayo, del que todavía, cuando me encuentro con según qué situaciones de esas inevitables de la vida, me resuenan sus consejos.

De TMB aprendí tanto que no cabría aquí la lista. Tanto que creo que no cupo siquiera en mi cabeza jovencita en aquel entonces. Y se quedaron ahí, en la carpeta de documentos que abrir en su momento, esperando a que yo tuviese la edad y las experiencias suficientes para entenderlas. Aprendí, por ejemplo, que siempre hay que huir de las personas que no paran de quejarse, que todo lo ven mal, pero no hacen nada por solucionarlo.

Tomás me contaba que esas personas que encuentras en cualquier lugar de trabajo y sólo protestan por lo mal que los de arriba hacen las cosas «sólo están justificando su fracaso, Arturito».

En mi casa, en todas mis casas, siempre ha habido un pruno bajo el que le recuerdo y bajo el que sospecho.

Mi abuela me contó que, durante la guerra, el reloj de Valdaracete llevaba doce minutos de adelanto, pero como no podían viajar a otros pueblos, se pasaron ese tiempo pensando que vivían en la hora exacta. Ella decía que en Valdaracete la guerra acabó doce minutos antes que en el resto de España.

Al parecer, la primera evidencia del uso de la rueda data del 3500 antes de Cristo, en un pictograma de Sumeria, el actual Irak. Lo que sí parece es que, desde su descubrimiento, el hombre la ha estado utilizando para transportar cosas pesadas de manera infinitamente más cómoda . Entonces ¿cómo es posible que la maleta con ruedas tenga tan pocos años?

En mi infancia no había nada parecido a esos *trolleys* que llevamos ahora. Eran maletas pesadas de cuero con bastante poca capacidad que, sorprendentemente, el hombre debía montar en un carrito al llegar al aeropuerto para hacer más fácil su traslado. ¡Un carrito con ruedas! Eso por no hablar de los pesados baúles que subían con mucho esfuerzo, por ejemplo, en *La diligencia*, de John Ford, sobre… ¡un vehículo con ruedas!

> *Nunca es triste la verdad,*
> *lo que no tiene es remedio.*
>
> JOAN MANUEL SERRAT

Siempre me ha fascinado esa capacidad del ser humano para ponerse las anteojeras de burro, heredar las verdades recibidas y no ser capaz de plantearse más. Cuando era pequeño había un argumento demoledor contra la homosexualidad: «En la naturaleza no existe, por lo tanto es una perversión». Ignoro si es una verdad aprendida por repetición, como la de que el melón mata por las noches, pero en cuanto se tuvieron datos de que sí, que en la naturaleza existe la homosexualidad, aquellas voces no rectificaron; simplemente dejaron de usar ese argumento para buscar otro. Es otra de las cosas que he aprendido: los estúpidos jamás rectifican, jamás recogen cable, simplemente dejan de gritar lo que gritaban antes para empezar a gritar otra cosa.

Allá por 1957 se instalaron en España (en el SEPU de Zaragoza para ser exactos) las primeras escaleras mecánicas que llegaban a este país. La novedad atrajo a miles de ciudadanos deseosos de probar aquello que, por entonces, todavía se llamaba «ascensor inclinado», supongo que aún buscando su verdadero nombre.

Inmediatamente, los dueños de SEPU descubrieron que, a pesar de sus esfuerzos por traer a sus almacenes la tremenda novedad que ya llevaba unos años triunfando por el mundo, tenían un terrible problema de durísima solución: los usuarios se mareaban en ella.

Tan grave fue el problema que tuvieron que poner, al final de aquel invento del demonio, un sofá y una mesita con sales reconfortantes para que los pobres clientes pudieran sentarse y recuperarse del vértigo de aquella ascensión endiablada a la planta de señoras a la que habían accedido (magia negra, milagro o algo peor) sin necesidad de usar los pies.

El sofá reconfortante estuvo instalado varios meses y gastaron otros varios kilos de sales. Pero poco a poco, cada vez menos clientes los iban necesitando hasta que, al fin, los retiraron por falta de demanda y la gente empezó a usar el invento ya sin pensar, como lo usamos nosotros, como una cosa que simplemente está ahí para que podamos consultar el móvil o pensar en nuestras cosas mientras la máquina hace su trabajo.

La clave es la náusea. La clave es el vértigo. La clave es el pánico que provoca lo nuevo. Habría que preguntar a los miembros de tripulación aérea cuánto hace que nadie reclama esas bolsitas para vomitar de los aviones que ahora amarillean por la falta de uso y que antes eran de uso común.

Lo nuevo marea y asusta. Cuando presentaron *Los nuevos mutantes,* sus creadores se dieron cuenta de que habían hecho algo tan nuevo que mareaba, que daba vértigo, que provocaba náuseas de pánico a quienes hasta ese momento buscaban en el cómic un rato para permanecer en su zona de confort.

Siempre que algo es demasiado nuevo aparece la náusea de aquellos que no han venido al mundo salvo a confirmar cada día que las cosas siguen siendo como ellos esperan. Ocurre ahora cada vez que se anuncia algún *remake* y las redes se escandalizan con cada uno de los cambios sin darse cuenta de que, en realidad, acaban pidiendo que les vuelvan a hacer la misma película que vieron en su día, la que no les dé vértigo, olvidando el que sintieron cuando la vieron por primera vez.

Pasará con todo lo que se proponga y suponga un ascensor inclinado para esa gente que se tumba en el sofá vital de forma que los órganos no se les alteren lo más mínimo. Y sólo algunos raros trataremos, ante lo distinto, lo diferente, lo nuevo, de superar la náusea inicial, volver a bajar al piso inferior y subir y subir hasta acostumbrarnos y disfrutarlo mientras los demás nos miran buscando excusas y descalificaciones que justifiquen su miedo.

Recuerdo el día que le expliqué a mi abuelo que John Wayne no hablaba español. No era, os lo aseguro, una persona especialmente tonta; tenía esa sabiduría de quien, sin recursos, había sabido aprender lo que le iba dando la experiencia. Pero se le abrieron los ojos de par en par el día en que le expliqué que John Wayne hablaba en inglés y que luego un señor lo doblaba para que lo entendiéramos. Ahí se quedó un rato tratando de asimilarlo, un violinista en el tejado.

TEVYE: ¿Me quieres?

GOLDE: ¿Qué?

TEVYE: ¿Me quieres?

GOLDE: ¿Que si te quiero?

TEVYE: ¿Bien?

GOLDE: Con los casamientos de nuestras hijas y todos estos problemas en el pueblo estás alterado, estás agotado. Entra y túmbate, quizá sea una indigestión.

TEVYE: Ah, no, Golde, estoy haciéndote una pregunta: ¿me quieres?

GOLDE: Estás loco.

TEVYE: Lo sé, pero ¿me quieres?

GOLDE: ¿Que si te quiero?

TEVYE: ¿Bien?

GOLDE: Durante veinticinco años he lavado tu ropa, cocinado para ti, limpiado tu casa, te he dado hijos, ordeñado tu vaca. Después de veinticinco años, ¿por qué hablar ahora de amor?

TEVYE: Golde, la primera vez que te vi fue el día de nuestra boda. Tenía miedo.
GOLDE: Yo estaba asustada.
TEVYE: Yo estaba nervioso.
GOLDE: Y yo también.
TEVYE: Pero mi padre y mi madre dijeron que aprenderíamos a querernos, y ahora te estoy preguntando: ¿me quieres?
GOLDE: ¡Soy tu mujer!
TEVYE: ¡Lo sé! Pero ¿me quieres?
GOLDE: (Hablándose a sí misma) ¿Le quiero...?
TEVYE: ¿Bien?
GOLDE: He vivido con él veinticinco años, he luchado con él, pasado hambre con él. Veinticinco años, mi cama es suya, si eso no es amor, ¿qué es?
TEVYE: ¡Entonces me quieres!
GOLDE: Supongo...
TEVYE: ... Y supongo que yo a ti también.

GOLDE Y TEVYE, en *El violinista en el tejado*

La otra cosa que me fascinó de esta película fue la música. Por esos días fui por primera vez con amigos a una tienda de discos; nos habían dado 5.000 pesetas (unos treinta de los antiguos euros), para que nos compráramos el disco que quisiéramos con la condición de que luego los fuéramos intercambiando. Uno de mis colegas salió con *Crisis,* de Mike Oldfield, que lo petaba ese año; el otro se compró *Monstruo,* un recopilatorio de esos caóticos que aún se hacían y que incluía, a la vez, el «Maniac» de *Flashdance,* «La chica del póster», de Francisco, y «Fame», de otra de esas películas musicales que acabarían siendo la banda sonora de mi vida.

Yo salí triunfante con mi disco de *El violinista en el tejado,* con el objetivo (cumplido) de fundirlo a base de tanto ponerlo. Lo escuché mil veces antes de saber que uno de los nombres que aparecía en la portada iba a ser uno de mis referentes musicales. Jamás consentí que saliera de mi casa. Dos amigos menos, una joya más.

Algún tiempo después, cuando pude comprarme el disco de *Superman*, relacioné al tal John Williams, el que aparecía como orquestador de esta música, con la de *Star Wars*, *En busca del arca perdida*… Con tantas que haría falta otro libro para hablar de él detenidamente (guiño, guiño).

> Uno acaba amando aquello que ve cada día.
>
> HANNIBAL LECTER, en *El silencio de los corderos*

Tengo once años, soy el imberbe preadolescente de Jack. Estoy en un campamento al que mis padres me han mandado. Tengo la sospecha de que lo han hecho para ver si así soy capaz de relacionarme con algo que no sea de plástico articulado, de vinilo o de papel. Y he de decir que lo consiguen: hago amiguis, me gustan unas niñas, juego a gincanas, hago cosas en equipo y logro que me interese ganar. Un éxito de integración social.

Los mayores (quince añazos) son una meta que lograr. Desde siempre me ha encantado estar con gente mayor que yo, probablemente porque con los de mi edad ya estaba durante el curso; había comprobado lo poco interesantes que me resultaban y lo nada interesante que les resultaba yo a ellos.

Creo que hablar con alguien mayor que uno es como hablar con una persona que regresa de un viaje a unas tierras remotas; por ejemplo, el padre de Truman es, para mí, cien mil veces más interesante que Truman.

Supongo que, mitad por *pesao*, mitad porque les sorprende que ese niño tenga tantas ganas de estar con ellos, cierto día consigo el reto de las tres llaves y me invitan a su habitación. La arcadia de la madurez, el lugar donde se hablan las cosas de las que yo hablaría en el futuro, un DeLorean a las conversaciones que necesitaba.

Creo que la primera vez en mi vida que me he arreglado para ir a un sitio no fue en una cita amorosa, sino el día en que estaba convocado al sanedrín de los poseedores de la edad avanzada. Me duché, me aplasté el pelo, me miré en el espejo maldiciendo no tener, al menos, una pelusilla oscura de malo de peli de kárate con la que defender la cara de panoli que tenía. Respiré en la puerta del baño, ensayé una voz que trataba de ser adulta, pero sonaba como la mía pasada por una turuta de carnaval, dije dos veces «polla», pero me sonaba raro en mi voz. Era tan buen niño y tan *pringao* que no decía tacos, y si los decía me sonaban raros, como excesivos, impostados. Años me costó decir «hijo de puta» bien entonado, sin que pareciera, por fuerte, que iba a matar a esa persona o, por flojo, que lo estaba diciendo el pitufo poeta. Y allí me dirigí. En mi cabeza sonaban timbales, como si la cuadriga de *Ben-Hur* llegase a la línea de salida; por el pasillo miré de reojo a Messala, que no estaba allí, claro, pero yo era un niñato peliculero y no me iba a quedar con las ganas.

Cuando abrí la puerta de la habitación de los mayores, descubrí todo lo que había hecho mal. Ellos no solo no se habían arreglado, sino que iban por el cuarto en calzoncillos, eructaban fuerte y se reían con el mismo tono de mi voz de turuta, pero algo en el ambiente, algo inesperado, me marcaría de aquella visita durante años. Y no serían las conversaciones profundas que esperaba escuchar, aunque he de decir que en ellas sí decía «polla» con un tono intachable.

Lo que me alucinó fue lo mucho que olía a pies. Era un olor espeso, invasivo, ineludible, un olor que no permitía otros olores, un olor que me hizo, inmediatamente, sentir vergüenza de mi olor a La Toja de recién duchado.

Porque a mí ese olor a pies, esa rotundidad, lejos de asquearme, me fascinó. Ni en los peores momentos de mi clase de gimnasia había olido nada parecido. Salí de allí con una idea clara: un hombre, lo que se dice un hombre, lo que viene siendo un macho inapelable, necesita de un olor profundo en sus pies.

Desde ese momento estrené una neura, bueno, dos: para empezar, empecé a ver películas y a medir el grado de olor a pies del prota. Así por encima, podría hacer una especie de síntesis:

- El Tarzán de Johnny Weismüller era el número uno. No tenía sentido, ese hombre iba descalzo y constantemente se lavaba en el río, pero mi designación de olores era así de aleatoria.
- Humphrey Bogart. Este estaba más justificado. Llevaba esos zapatos todo el día, no paraba de andar de un lado a otro y acababa borracho durmiendo en un despacho donde no se atisbaba ninguna ducha.
- Clark Gable en plan Rhett Butler. Aunque dicen que lo suyo era más la halitosis y cuentan que, cuando en un bar lo acosaban las fans, se quitaba la dentadura y gritaba a las mujeres enamoradas: «Son falsos».

La otra neura fue la de intentar que me olieran los pies. Es consecuente, si lo pensáis. Desde aquel momento, me levantaba cada mañana y lo primero que hacía era olerme los pies. Y lo mismo por la noche, con la esperanza de que muchas horas de Adidas me otorgasen la virilidad soñada. Pero ni entonces ni ahora he conseguido que me oliesen los pies, y es una especie de trauma permanente que tengo. No me huelen los pies y la canción de Emilio Aragón que para otros era una risa, para mí era una aspiración.

Y esta es la triste historia de mis pies inodoros. Si a estas alturas del libro no has decidido que soy gilipollas, yo ya no sé.

Pero aprendí una cosa de todo aquello. Uno quiere lo que ve y acepta como normalidad y hasta como positivo lo que le rodea de manera natural.

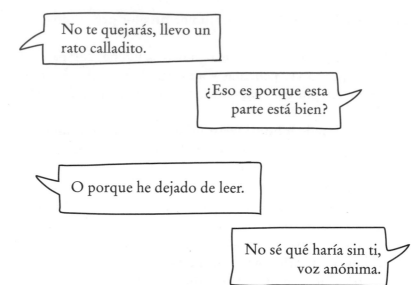

> No te quejarás, llevo un rato calladito.

> ¿Eso es porque esta parte está bien?

> O porque he dejado de leer.

> No sé qué haría sin ti, voz anónima.

Mi amor por el cine iba creciendo en esos ciclos de los martes en La 2. Conocí a Truffaut, a Hitchcock, a Ingmar Bergman, a Rohmer... Millones de gracias, Pilar Miró. Empezaba a entender, gracias a un pase de *La ventana indiscreta* que vi en el cine, que las películas las hacía gente, gente que hacía cosas, y que cada uno tenía su estilo, sus historias, sus ritmos. Aprendí que ver cine no era únicamente entretenimiento, como no era acompañamiento escuchar música; que el arte podía usarse en diferentes grados y que, detrás incluso de obras aparentemente pensadas para entretener, había alguien queriendo explicarte algo del mundo que a lo mejor se te había escapado. Aprendí a darle tiempo a las historias, a no tener prisa porque pasaran cosas, a disfrutar del ritmo de *Los cuatrocientos golpes* o de *Alemania, año cero* porque, más allá de lo que pasaba, estaba lo que te hacía sentir. La enseñanza definitiva creo que la tuve el día en que me encontré con *Mi tío*, de Jacques Tati.

He de reconocer que fue tal el descoloque que me supuso conocer a tal creador que he necesitado varios visionados del filme para entender esa manera de narrar la convivencia entre lo cotidiano y la maravilla que tiene su autor.

Ahí descubrí el cine «raro», el que no tenía los ritmos, los personajes ni los tonos del cine que veía los sábados al mediodía. Básicamente entendí que el cine «normal» era principalmente el cine americano, al que no pensaba dejar de amar, pero que había otras maneras de contar, otras historias, otros diálogos. Aprendí que, como la literatura, el cine tiene también estilos; que las películas de Rohmer estaban más cerca de la poesía de Miguel Hernández que de las novelas de Rice Burroughs, y que los personajes de Truffaut se parecían más a una balada de Dylan que a los de *Casablanca*. De nuevo, era yo quien tenía que ponerme al servicio de la obra y olvidar la pereza mental de quien espera que todo se lo cuenten igual si quería disfrutar de los silencios de Bergman. Y a la vez aprendí que en todos los cines, tanto en el más comercial y como en el raruno, había vasos comunicantes que, si abrías la mente lo suficiente, te regaban de ideas. Que el cine de John Ford también era poesía y que el de Clouzot podía ser vibrante.

Entendí que el cine tenía idiomas no solo lingüísticos, sino que además, si los planos son letras y las secuencias son frases, cada autor y cada cultura escribía sus películas de manera diferente, según su visión de la vida. Que Ozu o Kurosawa escribían —o sea, filmaban— películas orientales mientras Godard, francesas o Mario Camus, españolas y, a la vez, cada uno escribía en su estilo, a su forma. Años después alguien me contaba cómo Estados Unidos ofrecía *Barrio Sésamo* completamente gratis en muchos países para que, de esta manera, los niños no americanos se acostumbrasen a esa forma de narrar propiamente suya. Obviamente funcionó, y está claro que la mayoría de la gente se siente más cómoda ante esa manera de contar las cosas, lo cual hace que vean películas suyas, sean mejores o peores, antes de hacer el esfuerzo de traducir otro idioma.

Yo, a medida que veía estos ciclos, me volví un políglota de la imagen y años después descubriría a alguien que tampoco había querido escuchar sólo un lenguaje y que había sabido empastarlos todos en sus películas. Se llamaba Quentin Tarantino.

Dejo aquí una lista de esos autores rarunos que contribuyeron

a no dejarme pensar que sólo hay una manera de afrontar el arte
de contar cosas.

- Jacques Tati
- François Truffaut
- Federico Fellini
- Yasujirō Ozu
- Pilar Miró
- Ingmar Bergman
- Roberto Rossellini
- Pedro Almodóvar
- F. W. Murnau
- Akira Kurosawa
- Luis Buñuel
- Jean Vigo
- Louis Malle
- Leni Riefenstahl
- Michael Powell
- Emeric Pressburger
- Max Ophuls
- Erich von Stroheim
- Sergio Leone
- Agnès Varda
- Jean-Luc Godard
- Elia Kazan
- Jules Dassin
- Michelangelo Antonioni
- Mario Monicelli
- Luchino Visconti
- Zoltan Korda
- Dino Risi
- Werner Herzog
- Fritz Lang
- Jean Renoir

El día en que fue liberado por fin del campo de concentración, el preso se echó a llorar cuando vio una mariposa y descubrió que no se la quería comer.

TONINO GUERRA

Cada mañana, cuando Juan llegaba a la redacción de la tele en la que le conocí, llenaba el culillo de un vaso con un poco de agua y, con cuidado de no manchar el suelo, regaba un perchero de madera que estaba en la puerta. Sólo entonces daba los buenos días y se sentaba a trabajar. Los que le conocíamos simplemente le dejábamos hacer, pero un día decidió explicarnos por qué lo hacía.

—Vamos a ver. Lo normal es que no pase nada y que yo esté pareciendo imbécil a los que me vean, ¡pero como un día el perchero eche flores, me voy a quedar yo con todos!

Conocer a Juan Herrera es uno de los grandes éxitos que, de chiripa, he conseguido en la vida. La mente de Juan es el país más exótico que he visitado, donde los percheros son plantas y los autobuses bolsas de personas. Él me enseñó como nadie lo que es pensar transversalmente, no sólo para el humor, en el que trabajamos, sino también para la vida. Juan me enseñó que el éxito y el fracaso no son más que estados temporales, lo mismo que la locura y la cordura, y que dependen menos de nosotros que de quienes nos rodean, nos miran y nos juzgan.

Juan ha sido la voz de *Humor amarillo* y por eso le conocen muchos, pero también fue el que, mientras veía unas cintas de un concurso absurdo de la tele japonesa, construyó todo aquel monumento a la risa, a lo absurdo y, a la vez, a lo benigno.

Cuando escribíamos monólogos, a Juan le teníamos siempre cerca porque sólo su mente era capaz de ir adonde era capaz de llegar. Recuerdo, para que entendáis, un día en el que escribíamos sobre un chico que tiene que dormir con la chica que le gusta, pero ella sólo lo considera un amigo. Los dos se metían en la cama y la chica, nada más acostarse, le daba las buenas noches y se quedaba dormida.

Buscábamos un chiste que hiciera el chico frustrado por el pronto sueño de su amada sin dejarle siquiera iniciar un acercamiento. No venía nada hasta que llegó Juan:

—¿Ya se ha dormido? Pero ¿esta tía ni reza ni nada?

Así es la cabeza de Juan. Lleva toda la vida asumiendo que la única posibilidad de crear algo es permanecer al margen de los pensamientos lineales y aguantar, por lo tanto, que los demás le consideren idiota. Y fracasar, fracasar una y otra vez. Aceptar que le digan que sus ideas no son buenas o que son demasiado raras hasta que, como el perchero, consigue que una eche flores. Juan piensa que se vive a trancas y barrancas, dependiendo del día, de la gente, del trabajo que te toque hacer, de la comprensión o no de quien tienes cerca, fracasando para acertar.

Juan tiene, además de muchas otras, una obsesión por las marionetas. Ya cuando escribía un programa llamado *Goles son amores*, diseñó la marioneta de ¡un córner! Y un actor se metía dentro para que pudiera explicar al espectador si tal o cual jugada había sido o no saque de esquina. Había hecho otro programa en una televisión local donde la marioneta de una vaca comentaba las noticias.

Un día, Pablo Motos estaba diseñando un espacio que se llamaría *El hormiguero*, el programa de más éxito de los últimos años en televisión... Adivinad quién estaba allí y por qué esas hormigas se llaman como se llaman. Aquel día, el perchero de Juan floreció.

Alcanzar el éxito no es cuestión de azar, es un cúmulo acumulado en todo el tiempo perfecto, considero...
¡Muchas gracias!

MAGDALENA BARRAZA, 2020

Juan es, para mí, una de las personas de más éxito en la vida y, sin embargo, es completamente desconocido. Hablar de él me parece el momento perfecto para contaros lo que entiendo por éxito.

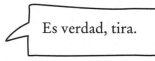

Que hables tú del éxito es como si un cura diera cursos de cómo ser feliz en la pareja.

Los dan.

Es verdad, tira.

Tengo treinta años, soy el hueso de la risa de Jack. Sólo estuve una vez con Concha Velasco y fue suficiente para aprender dos claves sobre el éxito. Es de esas personas torrenciales que llevan en la espalda un montón de cosas que quiero aprender.

Yo trabajaba en un programa de entrevistas llamado *La noche... con Fuentes y cía*. La mecánica del programa incluía que un par de guionistas visitasen a los famosos que iban a ser entrevistados unos días antes para hablar con ellos de su vida y tratar de sacar las mejores anécdotas que luego iban a contarle a Manel Fuentes. No recuerdo las que contó Concha, porque las dos mejores ocurrieron directamente estando con ella.

Concha hacía una obra de teatro en Albacete y allí nos fuimos Bropi y yo a charlar con ella. Quedamos en el bar del hotel en el que se alojaba y al rato, por la puerta, como una diosa, como una Norma Desmond que seguía siendo grande, apareció ella con dos ojos como bolas de espejo y una sonrisa que podía recibir subvenciones como energía alternativa.

Concha nos contaba historias y yo la escuchaba feliz. Era la protagonista de mil comedias de mediodía que había visto en mi casa, era la chica de la Cruz Roja, era santa Teresa, era la que cantaba «La chica ye-ye» en *Historias de la televisión*, era, qué narices, la mismísima chica ye-ye.

Concha nos contaba con cero vergüenza que, en la obra que estaba haciendo, había un momento en que tenía que llorar muy fuerte, casi a gritos, y que esa escena le estaba quitando la vida porque... se le escapaba el pis.

Nada admiro más que a alguien a quien considero grande riéndose de sí mismo. Le pedí que lo contara en el programa; ella, por supuesto, se negaba. De repente, las luces de los ojos de Concha se velaron.

—Perdonad un momento, es que ahí atrás hay una pareja tomando café que ha entrado, me ha visto y no ha venido a decirme nada, ni a pedirme un autógrafo, y yo con eso no puedo. ¿Os importa si me levanto y me paseo delante de ellos por si no me han visto bien? Es que si no, no me voy a concentrar.

Ni idea de cuánto de verdad y cuánto de risa de sí misma había en aquello, pero el caso es que se levantó, hizo como que salía del bar y al rato volvió a entrar para pasar delante de ellos. Al sentarse, la luz había vuelto a brillar.

—Ay, son alemanes, gracias a Dios.

En ese momento la amé a todas las revoluciones que eran legales en Albacete. Traté de convencerla de nuevo de que contase en el programa su problema con las pérdidas. Accedió cuando le dije que era un problema de muchas mujeres y que una estrella como ella compartiera ese problema las haría sentirse apoyadas. También nos contó confidencialmente los terribles problemas económicos que tenía por temas personales. Eso, por supuesto, no le pedí que lo contara y no lo hizo.

Dos meses después, Concha llamó al programa preguntando por mí. Yo no estaba, pero me dejó el recado de que una empresa de compresas para las pérdidas de orina le había ofrecido un suculento contrato para que fuera su imagen después de ver la entrevista.

Os aseguro que siempre he considerado que este es uno de los mayores éxitos de mi vida.

Cuando Santiago Segura triunfó con el primer *Torrente*, unos hábiles productores trataron de hacer un producto similar protagonizado por El Gran Wyoming, llamado *Vivancos 3*, cuyo eslogan era: «Si gusta, haremos las dos primeras». Si este despropósito le gusta a un número suficiente de personas, habrá otro en el que contaré mi vida profesional. Pero, llamándose este como se llama, he pensado que no era el lugar apropiado para hablar del éxito. Si has llegado aquí, ya sabrás que, precisamente por mi permanente contacto con el fracaso, me considero una autoridad en ello. Groucho decía que el cómico debe tocar la esencia de la tristeza para poder entender la comedia. Yo lo explico más con el cocinero que ha tenido que probar las peores paellas para empezar a reconocer aquellas que de verdad son excelentes. El camino de cualquier tipo de excelencia pasa por catar todas las zonas de la miseria. Sólo así puede apreciarse.

He tenido contacto con gente de éxito por mi trabajo, por cercanía. Algunos de ellos son amigos míos y, ojo, sólo algunos; muchos, no. Porque siempre ha ido por cauces diferentes. Os aseguro que conozco a muchos más «famosos» que amigos tengo, pero las amistades se forjan por otro lado. Como el amor, son cosas de la afinidad. Lo que es cierto es que he tratado con gente que ha estado muy arriba y ya no, con gente que sigue ahí y con gente que nunca lo buscó y se lo encontró de bruces.

La clave para definir el éxito creo que está al final de *El candidato*, aquella maravilla de Robert Redford que cuenta cómo un candidato empieza desde muy abajo y lucha para ganar unas elecciones. Lo logra, hay una gran fiesta en su sede, su mano derecha y él repasan cada uno de los pasos que han tenido que dar para conseguir ese triunfo. Antes de volver a la fiesta, el reciente senador le pregunta a su socio:

—¿Y ahora qué?

Creo que lo malo del éxito es que mucha gente piensa que es un lugar donde estar, adonde llegar. Un punto en el mapa, un espacio casi físico que existe. Lo cierto es que es algo absolutamente intangible e inconcreto. Es un camino y no una meta. Todos esos tipos tan exitosos que conozco son, básicamente, personas trabajadoras que han aceptado hacer cosas para que la gente disfrute (en todas las polisemias posibles de «disfrutar») y que no paran de hacerlas. Unas les salen bien, otras menos, pero así siguen. Wyoming nunca hizo *Vivancos 1* y *2*, pero no dejó de hacer cosas hasta que, en el camino, volvió a encontrarse con el éxito.

> Tanto el éxito como el fracaso
> son dos impostores.
>
> RUDYARD KIPLING

Una vez dije que te haces mayor el día en que empiezas a empatizar con el Coyote y a pillarle rabia al Correcaminos. Uno aprende las cosas cuando las aprende y con lo que tiene a mano, y a mí la lección de lo que es el éxito me la dio Chuck Jones. Un día entendí que quien tenía mérito en esa historia era Wile E. Coyote. El que realmente perseguía, con todo en contra, un objetivo. No ese pajarraco que había nacido ya con una situación favorable determinada y que no sólo se limitaba a disfrutarla, sino que la aprovechaba para burlarse del pobre intentador.

No me hizo gracia cuando sacaron un vídeo en el que, por fin, el Coyote lograba su objetivo. Creo que Jones buscaba un mensaje más profundo, que se trata de intentarlo y fracasar. Pero entendí que saliera en un mundo en el que la palabra «éxito» ya se había degradado por culpa de una corriente que me da especial tristeza. Aunque no son los culpables, sino los que supieron aprovechar la corriente, lo llamaré «el síndrome de Mr. Wonderful».

Con las costumbres pasa como con los objetos en las casas. Si las dejas ahí el tiempo suficiente, de repente hacen el sitio suyo y ya jamás las moverás. Las palabras se instalan en la cabeza con un significado y ya sólo con esfuerzo puedes ver otro. Recuerdo el día de mi infancia que pensé que una localidad maravillosa a la que íbamos mucho (El Escorial) en realidad escondía en su nombre, el significado de «lugar donde se acumula la escoria» (que me perdonen los que nunca lo habían pensado y todos los habitantes de este precioso lugar). Las palabras se desgastan porque vamos haciendo malos usos de ellas hasta que les cambiamos el significado y las acabamos empobreciendo. Especialmente esas que, de repente, se ponen de moda. Está pasando con la palabra «polémica». Hasta hace poco, implicaba una situación puntual, extrema, en la que las posiciones de los que opinan de ella estaban especialmente enconadas. Hoy en día una polémica dura unos quince minutos en las redes y permanece sólo hasta que a alguien se le ocurre provocar la siguiente.

Probad a insultar ahora a alguien con un insulto propio de hace unos años: llamadlo pazguato, merluzo o zascandil. Probablemente no se enfadará tanto como si usáis insultos más en boga ahora, del tipo: ofendidito, equidistante, radical, populista o fascista. Y ya tenéis ahí una polémica.

Pues lo mismo han hecho estas ideas puestas en tazas con unicornios y letras cuquis con el concepto del éxito.

Creo que empezó con el libro ese de *El secreto* y con esa idea tan peligrosa de que, si persigues tus sueños, el Universo conspira para que los alcances. Desde que esa idea se hizo popular, había en el escéptico que me habita una sensación de mosqueo tremenda. ¿Un universo conspirando para que yo consiga, por ejemplo, el ascenso en mi empresa, el amor de una chica o aparcamiento en la puerta? Aquello sonaba demasiado a jaculatorias, a rezos mirando a La Meca, a muñequitos de vudú atravesados. Digo yo que el Universo tendrá cosas mejores que hacer que conspirar para que yo consiga mi bicicleta.

Todo me rechinaba. Entonces ¿todos los sueños son posibles si los deseas con la suficiente fuerza? ¿Si yo me pongo a desear muy fuerte jugar en la NBA, el Universo va a dejar lo que tenga que hacer para ponerse con lo de estirarme el 1,69 hasta que llegue a dos metros?

«Que nadie te diga que es imposible».

Claro que sí, campeón.

Además, si yo deseaba ese ascenso —el laboral, no el de mi estatura—, también podría haber otras personas de la empresa que lo deseasen. ¿Cómo decidía el Universo con qué deseo quedarse? ¿El que lo pidiera con más fuerza? Si eso era así, si alguien que no fuera yo lo conseguía (putos deseadores profesionales), la causa de mi fracaso estaba muy clara: YO.

De repente, el éxito se había convertido en una búsqueda de la perfección continua, de la autoexigencia extrema y en una responsabilidad personal sin tener en cuenta nada más. Si fracasas, está muy claro por qué es: POR TU CULPA. Autoexigencia, culpabilidad… Se parece todo demasiado a cómo se mueven las religiones. Pero con una manera muy malvada, muy sibilina de convertirnos en esclavos de nosotros mismos.

El señor no es mi pastor,
yo no soy un borrego.

JAVIER KRAHE, «Fuera de la grey»

Ya no es un Dios el que te va a castigar, sino tu propio fracaso el que vendrá a recordarte que no soñaste con la fuerza necesaria como para activar el ON del Universo que los otros te ganaron, esos enemigos hijos de puta que tan hábiles desearon.

Será el infierno en vida, será tu fracaso y de nadie más, ni de las circunstancias, ni de dónde naciste, ni de la suerte, sólo tuyo.

Yo estoy bien con mis fracasos. Son parte de lo que soy. Me da más paz asumirlos que echármelos en cara. Porque el fracaso, como el éxito, es sólo un punto en el camino, un tránsito, no un destino. Un fracaso casi nunca me ha producido más que cosas buenas a la larga; los que menos, el aprendizaje de ellos.

Esto no es una llamada al inmovilismo. He empezado diciendo que todas las personas que admiro son gente que hace cosas, pero porque les hace feliz hacerlas. Pelean por aquello por lo que les apetece pelear y luego esas cosas triunfan o fracasan. Pero no piensan que se va a ejercer una magia determinada, porque muchas cosas te las encuentras. Las buenas y las malas, de casualidad, sin merecerlo.

La vida no es justa nunca, ni cuando está a tu favor ni cuando está en contra. Nos hacemos el truco de la pareidolia, como los magufos, para tratar de encontrarle un relato, una lógica, pero lo cierto es que se muere gente buena antes que la mala y con más dolor, que personas ruines tienen éxito y corazones excelentes fracasan, que alguien nace con dinero y muchos mueren pobres. La vida no es justa y yo he decidido que lo que hay que hacer es vivirla. Comerte los fracasos, aprender de ellos y disfrutar cuando te tocan cosas buenas.

Los escépticos siempre me ayudan a explicarlo desde otro punto de vista. Desde el gurú de frases pretenciosas de *Mistery Men* hasta Andreu y Berto con su filosofía barata. Y, por supuesto, Krahe, permanentemente Krahe. Hasta tiene una canción titulada «Conócete a ti mismo»:

> *Conócete a ti mismo,*
> *pero ¿en qué circunstancia:*
> *al borde del abismo,*
> *de turismo en Francia,*
> *en una cita a ciegas,*
> *una cata de vinos?*
> *Anda que no hay bodegas,*
> *anda que no hay caminos.*

Es tremendamente infantil pensar que UNO MISMO es sólo una cosa. Es simplificarnos hasta convertirnos en… ¿borricos persiguiendo una zanahoria? Yo, al menos, soy en cada momento lo más bajo y lo más elevado. Conocerte a ti mismo no sirve de nada; si acaso, uno es uno mismo cuando sale de un baño público y mira hacia atrás a ver cómo lo ha dejado para el siguiente que llega. Lo demás, son filosofías de tacita… del váter.

Llevé a mi madre al teatro Apolo a ver a su ídolo, José Sacristán, interpretando al Salieri de *Amadeus*. A ella le encantó ver a Sacristán y a mí, además de verle, me encantó escuchar la obra original de Peter Shaffer que tanto habla sobre la fina línea entre éxito y talento y sobre lo injusto de su reparto. Mi madre, que se había puesto como las madres cuando van al teatro (cardado de pelu, sus mejores pieles falsas y maquillaje de ir a la confirmación de un sobrino), salió feliz de aquella obra.

—Qué artista, qué voz, qué maravilla verle.

Yo me sentía poderoso y millonario por haberle regalado tanta felicidad a mi madre, así que, para alargar la felicidad, la invité a cenar a un restaurante frente al teatro.

Entramos, nos llevaron a la zona de comidas y vimos que estaba vacía salvo por una mesa ocupada donde, en solitario, ¡cenaba José Sacristán!

Mi madre se puso tan nerviosa que yo oía como titilaban sus pulseras. Nos sentamos en nuestra mesa y cenamos hablando bajito de la obra para no incordiar a don José. Mi madre insistía en, al menos, felicitarle por la actuación, pero yo la frenaba. «Mamá, no molestes». Mientras esperábamos la ración de chopitos, mi madre hizo algo que suele funcionar siempre con todos los que me rodean: no hacerme ni puto caso.

Se levantó y le dijo al actor:

—No quiero molestarle, pero salimos de ver la obra y estamos felices. Es usted un gran actor y siempre me ha encantado su trabajo.

Don José lo agradeció muy amablemente y volvió a su ensalada de ventresca. Mi madre se sentó feliz mientras yo trataba de aplicarme la luz de los *Men In Black* para olvidar ese momento.

Entonces, el actor debió de pensárselo mejor y su vozarrón sonó en toda la sala vacía.

—¿Sabe qué, señora? Que parecen buena gente y yo estoy cenando solo. ¿Les parece mal si me siento con ustedes y hablamos?

Mi madre no olvidó esa cena jamás. Don José estuvo encantador, contó anécdotas de sus películas, de los actores con los que había trabajado y a los que mi madre y yo adorábamos: Fernán Gómez, López Vázquez... Cuando se acabó el flan, se despidió y nos dejó dos entradas por si queríamos repetir la obra. Lo hicimos la semana siguiente. Al acabar recibió todos los aplausos que se merecía más los *premium* que le daban dos personas que, además de al actor, ahora adoraban a la persona.

No, señor, yo también tengo algo que decir.
No era mi guerra. Me llamaron ustedes a mí, no yo
a ustedes. Yo hice lo que tenía que hacer para ganar,
pero no nos dejaron ganar. Y, cuando regreso a mi
país, me encuentro a esos gusanos en el aeropuerto,
gritándome, llamándome asesino de niños y otros
terribles insultos. ¿Quiénes son ellos para insultarme?
No estuvieron allí luchando, como yo,
no saben lo que dicen.

Sylvester Stallone, en *Acorralado*

Soy amigo de mucha gente conocida. No tiene especial mérito. La gente conocida es como el resto de las personas, sólo que les paran para pedirles una foto cuando vas con ellos. En lo demás son como los otros, es decir, unos buenos y otros malos, unos que congenian con tu manera de ser y otros que no, unos a los que les caes mal y otros que te caen bien. Ya digo, muy muy parecidos a una persona normal.

Me fascina cuando alguien no famoso conoce a alguno de mis amigos que sí lo son porque siempre dicen la misma frase:

—Parece una persona muy normal.

¡Pues claro! Creo que esperaban que hablaran un idioma inventado sólo para famosos (¿el esperanto influencer?) o que supieran cosas que nadie sabe, como qué falló en el chicle de fresa ácida. Los famosos son, básicamente, personas, con lo bueno y lo malo del término. Por eso, no son amigos míos por lo que enseñan, sino por lo que hacen en las sombras, cuando no hay foco. Con las redes sociales, los mortales hemos aprendido la diferencia entre lo que mostramos a los demás y nuestra vida. De nuevo la persona es la que es cuando te puedes aburrir a su lado, no cuando está disfrazada para el carnaval.

No está este libro para hablar de famosos, sean amigos o no. Pero me pasó algo con uno de ellos que no he olvidado y que, de nuevo, me enseñó cosas. Voy a contaros mi agria polémica con Iñaki Gabilondo...

Tras *El club de la comedia*, Pablo Motos, Laura Llopis, Raquel Martos y algunos de los que habíamos estado en ese programa nos fuimos a la Cadena SER a hacer un programa que se llamó *No somos nadie*.

Una mañana de diciembre el despertador sonó a las cuatro y media y, como cada día, yo me senté en la cama mirando al suelo, maldiciéndome a mí mismo, tratando de que pasase cuanto antes ese momento de sentirme completamente derrotado y miserable y llegase cuanto antes el de ponerme delante del micrófono, para que me sintiera feliz y todo encajase y entendiese, por fin, por qué lo hacía. Ya había hecho antes programas de madrugada (empezábamos a las siete, íbamos a trabajar a las cuatro y media) y enseguida recordé la profunda depresión que me traía ese horario.

En el coche, de camino a Gran Vía, mi mente y mi cuerpo se confabularon contra esa manía mía. Empecé a no poder respirar, notaba como mis manos se acorchaban y mi vista se emborronaba. Paré como pude en plena calle Alcalá, casi vacía a esas horas, y salí del coche. Sudaba de frío. No me había pasado antes, pero reconocí que era un ataque de ansiedad. Los coches pasaban muy rápido, yo iba perdiendo el control sobre mis movimientos y temía ser atropellado. Lo único que fui capaz de hacer fue meterme debajo de mi propio coche para protegerme y esperar a que se me pasara. Llevaba el móvil en la mano, pero no sabía cómo se usaba. Estuve ahí, oliendo a gasolina y asfalto mojado, un tiempo inconcreto hasta que fui recobrándome. Salí de debajo del vehículo. Unos pocos taxistas me miraban pensando que no eran horas de cambiarle el aceite al coche. Se acercaba la hora del programa, así que, ridículamente despacio y muerto de miedo, conduje hasta la SER.

Al llegar me monté en el ascensor y, antes de que se cerrasen las puertas, alguien metió la mano para impedirlo: ¡era Iñaki Gabilondo!

Por descontado, él no sabía quién era yo, pero aun así, me gruñó un «Buenos días». Los dos subimos los ochos pisos aplastados en los rincones más distantes posibles. Sin que se me notase mucho, le miraba. Era el puto Iñaki Gabilondo, pero a esa hora, en esa subida, era una persona que, tal vez, había sentido el mismo vértigo a los pies de la cama sólo un rato antes. Era una persona cansada y rota esperando, creo, que se abriese el micrófono y todo encajase.

Él debió de percibir lo mismo en mí, quizá algo mucho peor, porque en el séptimo piso me dijo:

—Cómo cuesta, ¿eh?

Mi respuesta creo que le marcó para siempre:

—Grrrr, bblll, uf, ñeee.

Nos bajamos y fuimos cada uno a nuestro trabajo.

Debo decir que ese día dejé el programa. Nunca les conté los motivos, no era necesario. Un año más tarde, los del *No Somos Nadie* dieron el salto a la televisión y crearon el programa más visto de los últimos tiempos: *El hormiguero*.

El éxito me había pasado rozando otra vez.

Jamás me arrepentí. Ellos se lo merecían y yo no. El éxito son estaciones de tren: uno va viajando y se baja en la acertada o justo en la anterior o posterior. Hace falta talento para saber cuál es la parada correcta y para mantenerse en ella, por supuesto, pero el talento no subía conmigo ese día en el ascensor, subía el trabajo. La parte oscura, la que nadie ve, la que te mete debajo de un coche de madrugada. La que no tiene likes en Instagram.

Conoció así la terrible leyenda del perro
de un convento de carmelitas
que en las noches de luna llena se convertía en hombre.

O también la dolorosa leyenda del séptimo
hijo varón de un pastor protestante
que en las noches de luna llena se convertía
al budismo.

Les Luthiers

Las charlas con Juan Herrera y ver esos ciclos de Tati o Bergman me enseñaron que, por mucho que mole la canción, algunas de las mejores cosas de la vida no son gratis. Cierto día vino a complicarme la adolescencia un libro. Cayó en mis manos *Memorias de Adriano*, el libro de Marguerite Yourcenar, y me pasó algo que no me había ocurrido hasta ahora: se me hizo bola.

El increíble devorador de libros que yo era había encontrado su talón de Aquiles. Puede que fuera la manera en que estaba escrito, puede que la profundidad de cada una de sus líneas; el caso es que no conseguía avanzar. Leía cada página con la sensación de estarme perdiendo cosas, de no ser capaz de abarcar ni el diez por ciento de esa maravilla, de que, en cada línea, tenía que parar y cerrar el libro hasta que la entendiera.

También me pasaba con algunos discos. Las primeras veces los escuchaba sabiendo que tardaría unos cuantos pases en empezar a disfrutarlos, como con Led Zeppelin, Pink Floyd y su muro, y hasta algunos discos de Mecano necesitaban de varias escuchas para que las letras y las melodías fueran tomando forma en mi cabeza. Aquellas *Memorias de Adriano* me costaron meses. Aún tengo el ejemplar lleno de apostillas a los lados, aún recuerdo esa sensación entre agotado y feliz cuando conseguía descifrar algunas de las cosas que no había sido capaz de entender las primeras veces. Hoy es uno de los libros de mi vida y vuelvo a él cada cierto tiempo porque lo sigo aprehendiendo. Después de Bergman y de *Adriano* me sentí capaz de cualquier cosa. Ya no me dieron miedo el *Ulises*, de Joyce, o el *Tiempo de silencio*, de Martín Santos. Se trata de entender que, a veces, el hecho de que cueste es precisamente la virtud.

Enemigo de la guerra
y su reverso, la medalla.

Luis Eduardo Aute, «La belleza»

Seguro que José Antonio Marina no se acuerda del día en que vino a Onda Cero para que lo entrevistase un principiante. Probablemente era la enésima entrevista de promoción de *El laberinto sentimental*. Es posible que pidiese a la editorial que se inventasen una excusa para no tener que ir a ese programa que nadie conocía con un presentador completamente de celofán. Pero yo había leído el libro y me había impresionado tanto que me puse tremendamente pesado hasta lograr que aceptara. Le imagino mirando el reloj en su sofá, viendo que era hora de ir a la radio y, por muy filósofo que sea, cagándose en mis muertos.

Por si fuera poco, cuando llegó las cosas no estaban preparadas. El estudio lo habían ocupado los de otro programa mucho más importante y el filósofo tuvo que estar solo con el locutor transparente en la redacción mucho más tiempo del esperado. Supongo que, por sacar conversación, por rellenar tiempo y silencios, de repente me dijo:

—La noticia más importante de hoy es que han anulado el servicio de helicópteros para subir al Everest. Una línea aérea pensó que sería un gran negocio si ofrecían subirte casi tres tercios del recorrido y dejarte a pie de cumbre para que tú, en un paseíto, pudieras sentirte en la cumbre del Everest. El problema es que la gente no se sentía allí, aunque realmente estuviera.

Porque realmente no has subido al Everest si no has empezado desde abajo, pisando cada piedra. Puedes estar en la cumbre y sentir un vacío enorme si no te lo has ganado.

No recuerdo nada de la entrevista, ni siquiera sé si la historia de los helicópteros es verdad. Pero es de esas que también me han hecho como soy, por eso la pongo aquí.

Y es que a veces vas a una obra a que esta te entretenga y otras vas a que te ponga a trabajar. Y las dos maneras de hacer las cosas son buenas. En las *Apostillas a El nombre de la rosa*, Umberto Eco contaba cómo había hecho unas primeras cien páginas especialmente densas porque consideraba que el lector debía ganarse el derecho a disfrutar del resto del libro. Recuerdo también cuando *Juego de tronos* emitió un capítulo en el que una batalla durante la noche se veía con dificultad y que desató las protestas de muchos de los espectadores. Poco importaba que lo estuvieran viendo en sus móviles o en unas televisiones sintonizadas para ver corrillos de tertulianos perfectamente iluminados y rodeados de colores eléctricos. Da igual, incluso, que los airados espectadores no hubieran visto nunca *Campanadas a medianoche*, de Orson Welles, en cuya batalla estaba claramente basado este capítulo ni, al parecer, *Los siete samuráis*, de Kurosawa, que, desde luego, sí habían visto los responsables de esa estética.

Los amantes del *easy listening*, los que convirtieron a Miles Davis en Kenny G o a Pink Floyd en música para terrazas *chill out*, exigían el *easy viewing* para ese capítulo. La escena que se me venía a la mente era la de unos señores en un sofá comiendo Doritos mientras miran a Caravaggio pintando *La vocación de san Mateo* y le indican, no sin cierta indignación, que haga el favor de pintar las cosas con mayor claridad, que desde su sofá no se aprecian las caras y que «Qué *sfumato* ni qué niños muertos». Sin Caravaggio no hay cine negro, no hay cómics de Frank Miller, no hay, por ejemplo, *El padrino*.

Neil Gaiman recibía no hace mucho la carta de un fan de George R. R. Martin, de aquellos fieles, de los que se han leído sus libros infinidad de veces, de esos que conocen el mapa de los siete reinos tanto que podrían fabricar un GPS con sus carreteras y sus estaciones de servicio.

En la carta, el fan detallaba su sabia opinión sobre por dónde debían transcurrir los libros de Canción de Hielo y Fuego que quedan por escribir, lo que debía ocurrirle a cada personaje y, en definitiva, cómo tenían que ser escritos. La respuesta de Neil Gaiman al leerlo fue contundente: «George R. R. Martin is not your bitch». Poco tiempo después leí *El señor de los anillos* por segunda vez y, de repente, aquella parte que se me había hecho eterna, aquella en la que los hobbits acaban de salir de La Comarca y Tolkien se dedica a contarnos, casi paso a paso, el camino de Frodo y sus amigos. Entendí por qué lo hacía, entendí que tenía que ser obligatoriamente lento y difícil, y me sentí un poco más cerca de la cumbre del Everest.

Te lo dije:
si me das un roto te hago un descosido.

QUIQUE GONZÁLEZ

Como estamos hablando de libros esenciales de mi vida, dejadme hablaros de uno y contaros un día en que fui imbécil y de cómo esta idiotez que hice me llevó a un lugar maravilloso, porque a veces ser idiota es benéfico. Tenemos que avanzar en el tiempo, porque este libro no va a llegar a cubrir mi vida profesional, pero tampoco sabemos si habrá alguno que la cubra, así que, cubrámonos contándolo ya...

Tengo veinticuatro años, soy el becario de la radio de Jack. Andrés Aberasturi, el grande de la comunicación, me había escuchado, al parecer un domingo sin fútbol, en el que hice un programa especial con Javier Ruiz Taboada. Le habían gustado las cosas que conté sobre cine y me llamó para hacer una sección en un programa que hacía para Radio Galicia. La alegría fue enorme porque admiraba mucho a Andrés y la responsabilidad mucha porque ¡quería pagarme!

Yo, hasta ese momento, era un becario en Onda Cero que cobraba en que me dejases hablar por el micrófono, así que las 700 pesetas al mes que me pagó Aberasturi por mi sección fueron, realmente, lo primero que cobré en mi vida por hacer cualquier cosa que tuviera que ver con la comunicación.

Yo me preparaba muchísimo la sección: datos, chistes... Y quedaba bien, la verdad. Andrés se reía de mis mierdas y cada vez me iba dando más tiempo. Recuerdo incluso la mañana en que Trueba ganó el Oscar por *Belle Époque,* que conseguimos tener a Ariadna Gil por teléfono desde Hollywood. Pero un día, mi ego decidió hundirme.

Hablábamos de adaptaciones literarias al cine y Andrés me preguntó:

—No entiendo cómo no hay todavía una adaptación al cine de *La conjura de los necios.*

No tenía ni idea de qué me estaba hablando. En mi vida había escuchado hablar de ese libro. Ya sabéis, vas conociendo las cosas que se te cruzan y ese libro no había entrado en los cruces de caminos de mi vida. Lo normal es que yo hubiera dicho algo vago como: «Vete tú a saber» o sincero como: «Pues no sé». Pero mi ego ese día se había venido conmigo. A mí ese título en ese momento me sonó, vete a saber por qué, a una peli de guerra tipo *Un puente lejano* o de grandes tramas políticas como *Tempestad sobre Washington.* Así que, en vez de ejercer el *Pasapalabra* que me habría salvado, decidí no jugarme las 700 pesetas y dije algo del tipo:

—Hombre, ten en cuenta que ese libro necesita de una superproducción, un reparto de lujo y grandes escenas; es un proyecto carísimo.

Y ahí me quedé, con mi escroto cómodamente apoyado en la silla. Lo cierto es que la mirada de Aberasturi mientras hablaba era un poema… de Poe. Me di cuenta de que la estaba cagando y de que Andrés lo había notado. Fue tremendamente generoso. No dijo nada, no me corrigió, cambió de tema y fuimos a otra película. También aprendí mucho de eso, de generosidad en el micrófono. Gracias, Andrés. Cuando salí de allí me quería morir. En un mundo sin Google, la única posibilidad de saber el nivel de subsuelo que había alcanzado mi pata era irme a una librería y comprar el libro, pero mis 700 pesetas no daban para tanto desembolso. Fui a dos o tres bibliotecas públicas y no estaba. Una bibliotecaria me dijo que era uno de los libros que más se llevaba la gente. Mi ataque de ansiedad y mi vergüenza por lo que había dicho comenzaban a agotar mis reservas de Ventolin. Así que decidí convertirme en un delincuente.

En mi barrio había una librería pequeña (todo está mal en esta historia, lo sé) de la que siempre había pensado que sería muy fácil robar. La llevaba un señor mayor que, mientras tú curioseabas, permanecía sentado en una silla con unas gafas tan gordas que probablemente le daban un campo de visión más corto que su barriga. (¡Todo mal, lo sé, no estoy orgulloso, perdón!).

Fui allí y, efectivamente lo tenían. Ya en la portada, el dibujo de un tío gordo con bigote comiéndose un perrito caliente no presagiaba que fuera, como yo dije, algo que necesitara un presupuesto gigante. Mierda, necesitaba leer ese libro y que hubiera, no sé, un ataque aéreo a una ciudad. Un monstruo prehistórico, un viaje a Saturno, ¡lo que fuera! Era mi primer robo (habría otro más) y lo pasé fatal. Que es lo menos que podía pasarlo con lo terriblemente mal que lo estaba haciendo todo. Pero salí de ahí con el libro bajo mi parka.

La historia delictiva tiene un final peor aún que el principio. Cuando por fin reuní capital suficiente para pagar el libro, pensé ir allí, hacerle alguna consulta al señor mayor y dejarme olvidado el dinero sobre su mostrador. También pensé en tirarlo bruscamente al pasar por la puerta y salir corriendo, yo qué sé. ¡Yo lo que sabía era leer cómics y jugar bien al Pictionary!

Cuando llegué a la puerta de la librería había un cartel que ponía: «Se traspasa». El local estaba vacío y mi conciencia se quedó ya para siempre llena de culpa, con la convicción absoluta de que, si yo no hubiera robado ese libro, las cuentas del negocio no se habrían desestabilizado y ese señor no se habría visto obligado a cerrar.

La consecuencia de esta sucesión de fracasos, primero de mi dignidad y luego de mi ética, fue encontrar otro de esos libros que no he parado de leer y releer. Ya la historia que se cuenta en el prólogo de cómo una madre que ha perdido a su hijo manda el libro que dejó escrito a su editor y de cómo él rechaza leerlo hasta que encuentra un rato y se da cuenta de que es una obra maestra me fascinaba. De las historias de Ignatius J. Reilly no voy a hablar para que os lo leáis, pero creo que entendí perfectamente por qué John Kennedy Toole acabó suicidándose. Dentro de ese libro hay una visión del ser humano, de todos los seres humanos, excepto de los escasos bondadosos, tan terrible que sólo puede llevarte al cinismo o al suicido. Creo que es la lucidez de la que me hablaba Tomás Martín Blanco la que mata a Toole. A lo mejor por eso no paro de acudir a él cuando me siento demasiado triste, porque pienso que él lo escribió en un momento en que aún pensaba que el dolor pasaría si lograba hacer comedia con él. Su suicidio fue un gran fracaso de la humanidad.

Uno de los temas en los que más insisto es, precisamente, que nada se alcanza si se sigue una recta, una lista o una trayectoria ajena. Que la sabiduría no se logra ni metiéndose el enchufe de Matrix en el cogote, que acercarse a ella, aunque sea aún muy de lejos de donde estoy yo, requiere husmear, buscar. La única sabiduría, si existe, para un ceporro como yo, es la de no perder la curiosidad que implica ser un tocapelotas, no parar de preguntar, molestar y no apegarse a ninguna idea.

Si un hombre te da la libertad, no es libertad.
La libertad es algo que uno mismo se toma.

Evaristo Márquez, en *Queimada*

Tengo diez años, soy la cáscara de la ostra de Jack. En la tienda de alimentación de abajo de casa estaba don Amalio, un hombre realmente amable al que hasta podías pedirle un bollito de Tarzán y decirle: «Apúntelo, que luego se lo paga mi madre». Un amor de persona y uno de esos muchos que, no sólo no huye del tópico, sino que lo abraza como el salvavidas de las conversaciones.

Cada cierto tiempo, yo creo que confundiéndose de niño, don Amalio me hacía las dos preguntas típicas que todo el mundo le hace a un niño cuando lo ve por primera vez:

—¿Qué quieres ser de mayor? ¿De qué equipo eres?

Cuando eres mayor sabes que ninguna de las dos preguntas

tiene respuesta, pero mientras eres pequeño, sientes que tienes que responder.

Yo, que ya era un niño atópico, me esforcé por contestar de manera ajustada:

—La verdad es que aún no tengo claro qué quiero ser de mayor, aún tengo tiempo para decidir. Y no soy de ningún equipo, no me gusta el fútbol.

—¿¿¿Que no eres de ningún equipo???

A don Amalio le hubiera dado igual que hubiera respondido que de mayor quería ser castrador de ranas, con eso podía. Pero lo de no ser de ningún equipo, no. En cuanto naces te llenan de cosas. Quieren que seas de un equipo, de un dios, de una postura política. Lo importante es que no seas tú. En esa época el fútbol era lo que más importaba y yo sentí que decepcionaba a don Amalio con mi respuesta. Eso no podía ser.

Así que don Amalio, para repescarme y meterme en el redil, me regaló un póster del Real Madrid que sólo se podía conseguir si juntabas veinte pastelitos de Panrico. Obviamente estaba siendo ilegal y malversando a Panrico, pero creo que él pensó que era más importante salvar el alma de esa criatura. Ya encontraría envoltorios para pagar o no lo declararía; ese póster iba en negro.

Yo lo colgué en mi cuarto. Esos señores con bigote, unos de rodillas y otros de pie, me gustaban. Me hice del Real Madrid durante unos meses.

La labor de don Amalio fue tan esmerada que hasta me llevó al fútbol con su abono, ¡al Bernabéu, nada menos, a ver un Madrid-Osasuna! Reconozco que, a mis diez años, tenía una visión algo inmadura del espectáculo, pero yo quería ver goles, el partido se estaba acabando y aún iban empate a cero. Mi aburrimiento era tan enorme que ocupaba hasta tres campos de fútbol. Por eso debió ser que, cuando a tres minutos de acabar por fin, hubo un gol yo lo celebré con esa emoción que tanto me habían dicho que provocaba el fútbol: «¡GOOOOOOOOOOOOOOOOOOOL!».

El problema es que el gol era del Osasuna, pero sólo para don Amalio y sus compañeros de banco. Yo había visto un gol, todo estaba bien.

Después del verano, don Amalio me dijo que había llegado el nuevo póster del Madrid y, creo que feliz de haber colaborado tan intensamente en mi reinserción social, me regaló el nuevo otra vez bajo cuerda, cargándolo en la cuenta B del ultramarinos. Al llegar a casa, me dispuse a colgarlo como buen forofo del Madrid, pero al abrirlo descubrí que... ¡no eran los mismos!

Había algunos que repetían, pero otros señores con bigote habían cambiado: no eran los mismos. LE pregunté a mi madre y me explicó que cada año cambiaban a algunos de los jugadores.

—Ya, mamá, pero yo era de los del año pasado.

—No, tú eres del Madrid, esté quien esté...

La cosa empeoró cuando descubrí que uno de los señores del póster que mejor me caía, se había ido al Atleti. No os imagináis la cara de decepción que puso don Amalio cuando bajé y le dije:

—Don Amalio, que si me lo cambia por el del Atleti.

Ya nunca me preguntó qué quería ser de mayor: ya sabía que de mayor iba a ser gilipollas.

Y hasta aquí mis seis meses de sentir los colores de... de cualquier cosa. Porque nunca ha vuelto a ocurrir que yo me sienta parte de una tribu urbana, de un partido político o de los seguidores de Marvel o de DC.

Eso sería un sueño. Seguir unos colores pase lo que pase sin tener que hacer procesos mentales de ningún tipo, seguirlos porque son tus colores y punto, abandonar el molesto espíritu crítico que te impide disfrutar de las cosas. ¿Sigues mis colores? Eres de los buenos. ¿Sigues otros? Eres malo y, por supuesto, todas tus opiniones están equivocadas y no merecen ni un segundo de desgaste mental para mí.

¡Ah, qué gran paraíso aquel de las verdades no discutidas porque vienen de una marca de confianza a la que no debes poner en duda! ¡Ah, qué gloriosa vida la del que jamás se plantea nada, sino que espera a que los suyos le digan lo que debe sentir! Es tan molesto pensar que en cada cosa pueden tener razón ideas distintas...

Con los años he ido descubriendo que la bondad y la estupidez son transversales. He encontrado buenos y tontos entre los heavies, los punks, los *foodies*, los de derechas, los veganos, los del Parque Calero, los amantes del cine, los fans del jazz, los de izquierdas, los creyentes, los ateos, los solteros y los casados, los acuario y los géminis.

Demasiados como para saber que una idea, unos colores o unos gustos no te convierten en una buena o mala persona de manera mágica, que los que siempre insisten en que te hagas de algo es porque no quieren que seas tú. Hace muy poco, otra palabra fue desgastada: equidistante. Y tiene lógica que no guste a este tipo de personas que están encantados de ponerse una etiqueta para saber lo que tienen que pensar y si los que disparan son los suyos o los malos. El mundo se simplifica bastante si te dicen a quién hay que odiar, pero el odio es como la purpurina: te da un momento de satisfacción, pero luego se te queda pegado durante días.

> Tal vez sólo haya una revolución:
> la de los tipos buenos contra los tipos malos.
> La única pregunta es: ¿quiénes son los tipos malos?

> Burt Lancaster, en *Los profesionales*

Cada vez necesitaba ver más cine, saber más sobre él, así que un día decidí tener una conversación seria en mi casa.

Recuerdo el día en que me planté delante de mis padres y, como quien le va a confesar que tiene una orientación sexual distinta a la normativa, le dije a mi padre:

—Papá, me gusta el cine, pero no como a ti, que también te gusta, o como al abuelo; me gusta tanto el cine que quiero saber mucho de él, que las cosas de las que hablan en el colegio los profesores me las aprendo para aprobar, pero las de las películas me importan de verdad y me las quiero saber todas.

La reacción de mi padre fue la de contarme que a un amigo suyo de la infancia, al que le encantaba el teatro, era en ese momento crítico de teatro del *ABC* y que, si eso era lo que me gustaba, siguiera por ahí, que los caminos son a veces raros.

La de mi madre fue ir a una librería a preguntar si tenían libros de cine para comprármelos. La librera le dijo que no, pero que iba a salir una enciclopedia de cine en tomos muy pronto: *La gran historia ilustrada del cine,* de la editorial Sarpe, pero que iba a ser muy cara. Así que hizo dos cosas benditas: una, encargarla; otra, ponerme a trabajar limpiando el pub de un amigo suyo para que pudiera pagármela yo. Es verdad que tenía sólo dieciséis años y era un poquito ilegal que un menor trabajase, pero eran los ochenta, eran amigos, todo era en negro y yo sacaría de allí más enseñanzas que la obvia de que las cosas cuestan trabajo. No nos juzguéis. Bueno, o hacedlo.

El Dorado era un champú.

Joaquín Sabina, «Peces de ciudad»

Los sábados y domingos por la mañana, cuando cerraba el pub a las seis, yo estaba allí para limpiar las colillas, los pises y los vómitos de los que habían pasado la noche anterior disfrutando. Un pub solitario con olores a noche de excesos es, os lo aseguro, el ambiente más desolador que puede vivir un adolescente. Para pasar esas horas entre olor a lejía y a asco, tiraba de la música que tenían allí. Un día encontré un doble casete de *Joaquín Sabina y Viceversa en directo.* Conocía a Sabina de *La Mandrágora* y me gustaba mucho, así que lo puse y empezó a sonar «Ocupen su localidad» y… creo que ese día entré de lleno en la juventud.

En mi primera cana, don Joaquín Sabina y don Pancho Varona pusieron su grano de arena. Ese disco se convirtió en una obsesión, tanto que cuando mi madre o mi padre venían a ayudarme a limpiar, se asustaban de lo en bucle que era capaz de escuchar las cuatro caras. Viendo que no iban a parar el mar con las manos, decidieron abrir el tsunami y me compraron el primer disco de él que tuve: *Hotel dulce hotel.*

Por aquel entonces, yo tenía medio par de zapatos de payaso y un alma en almoneda. Los dieciséis años de los ochenta, aquellos en los que aún se soñaba en silencio, se amaba sin publicarlo y se lloraba sobre un vidrio mojado.

Estaba yo en esa época en la que parece que todo cuanto te rodea lo han puesto para ti y que las frases de amor de amante debutante, que a mis cuarenta y diez me suenan sobadas y falsas, provocaban en mí arrebatos de adolescente imbécil que ya presagiaban el adulto imbécil que soy hoy.

Mecía yo mis catorce años, entre lo cursi y lo declaradamente relamido, cuando cayó en la radio una canción y una hostia, la primera de muchas, de Joaquín Sabina.

Hablaba de un hombre que se sentía mal porque su amor no estaba con él, pero no fue el tema en sí lo que me abofeteó. Tampoco la melodía, que aunque era pegadiza, no distaba mucho de otras que ya escuchaba. Era la manera de expresarse la que me hizo buscar el disco que la incluía y ponerla en bucle con la obsesión del que no entiende pero quiere entender.

Porque en esa canción, por primera vez, aprendí que no hay mejor forma de explicar las cosas que encontrar la manera en la que nadie las ha explicado. Aprendí el camino de lo transversal, lo común y vulgar que resultan las cosas comunes.

Fue una frase de esa canción, como la punta de un hilo de la madeja, con la que Joaquín me dio la hostia que te abre los ojos: «Vencido como un viejo que pierde al tute».

Ni en cien años, pensé, habría encontrado esa definición de la derrota para una canción de amor. Porque en ellas no se habla de viejos y, por supuesto, no se habla del tute. Pero debajo de mi casa había un parque, y en él unas mesas donde los viejos se sentaban cada tarde sobre unos cartones, que les aislaba el culo del frío, a echar partidas ruidosas rodeados de otros viejos que ejercían de espectadores y jueces del torneo.

Más de una vez, mientras yo estudiaba los ríos de España y trataba de entender por qué necesitaba memorizar aquello, me llegaron a la ventana las broncas que los viejos tenían entre ellos por una sota mal echada. Solían acabar esas pugnas igual que los niños, con el «No os aguanto» de uno de ellos que se retiraba de la mesa y se sentaba en un banco a mascar su derrota con los dientes que le quedaran.

Y, en mi cabeza, no había nadie más vencido que ese señor que había perdido al tute, ni el púgil al que le habían contado diez, ni el coronel que se había quedado solo alzando el sable, ni el portero al que el balón le dio en el tobillo antes de entrar. Sólo que yo no lo supe hasta el manotazo de Joaquín.

Ese golpe, como avisaba, fue el primero de muchos. Gracias a él aprendí que el ser humano habitual quiere escuchar mentiras piadosas y que, sin embargo, en realidad, el azar se parece al deseo. Que el amor es el nombre del juego en el que dos extraños juegan a hacerse daño y, aun así, puedo morirme de ganas de decirte que te quiero.

Este pedazo de cabrón me sacó el cristal de las gafas de cerca y me puso a mirar la vida como un explorador, desde el sitio en el que la miran los que no quisieron ser estatuas de sal, desde fuera de la pecera de los peces de ciudad.

Y a partir de aquel viejo perdedor, ya nada sería igual. Hago lo que todos los demás: me levanto, bostezo, vivo y almuerzo. Aparento ser un tipo normal, pero guardo algunos secretos: que el mar visto de frente puede ser más triste que en la tele, que los cuerdos de atar serán quienes te corten las alas, que después de quinientas noches, aún duelen las habitaciones ventiladas y que se llama soledad, pero es la ecuación de la vida moderna.

Me arrancó de la nube, me arrastró por el barro, me empujó a suicidarme desde un piso primero. Me descubrió que el placer de los lúcidos es a la vez la tristeza de serlo. Y ya nunca nada fue igual, desde la visita de aquel ángel menos dos alas negras, no he podido escribir un solo poema de amor que no me hiciera sentir un farsante, un idiota haciendo malabarismos de semáforo con las palabras. Desde aquella primera hostia, sólo he puesto cristianamente la otra mejilla rezando por que las siguientes que me diera Joaquín fueran menos dolorosas.

Nunca fue así. Y sin embargo… Le quiero.

Hacer una lista de las canciones que me gustan de Sabina es como hacer un libro de las cosas que me gustan, que se está viendo que no funciona. Por eso he decidido hacer una de esas canciones que más me gustan que luego no suele incluir ni las que suele tocar en los conciertos. Estas nunca son las principales del disco en las que Joaquín saca su sentido del humor, el que le unió a Krahe en aquella *Mandrágora* y al que no ha querido renunciar. Van aquí las canciones de Sabina que más me han hecho reír:

- «Tratado de impaciencia número 10»
- «Mi vecino de arriba»
- «Círculos viciosos»
- «Pasándolo bien»
- «Adivina, adivinanza»
- «Incompatibilidad de caracteres»
- «El joven aprendiz de pintor»
- «Oiga, doctor»
- «El rap del optimista»
- «Ataque de tos»
- «Con un par»
- «Pastillas para no soñar»
- «El blues de lo que pasa en mi escalera»
- «No sopor…, no sopor…»
- «Como te digo una "co" te digo la "o"»
- «Pero qué hermosas eran»
- «Semos diferentes»
- «Ya cyaculé»
- «El café de Nicanor»
- «Con lo que eso duele»
- «Idiotas, palizas y calientabraguetas»
- «Tiempo después»

Sabina me ha acompañado toda mi vida, sus canciones han ido creciendo conmigo y los temas de los que habla en ellas se han ido acompasando a mis pensamientos. He llegado a pensar que se metía dentro de mí para buscar temas para su siguiente disco. Ojalá este libro guste a la suficiente gente como para dedicarle más tiempo a sus canciones en el siguiente.

Posdata: hace muy poco tiempo me invitaron al podcast *El quinto Beatle* en el que Pancho participa. En un momento hice un chiste y a Pancho le dio un ataque de risa. Entonces sentí que le devolvía una parte pequeña de lo mucho que me había dado él. A veces la vida mola.

El mundo era tan reciente, que muchas cosas carecían de nombre, y para mencionarlas había que señalarlas con el dedo.

GABRIEL GARCÍA MÁRQUEZ, *Cien años de soledad*

Durante unos años de mi adolescencia arañé un proyecto que, obviamente, jamás llevé a cabo. Se trataba de analizar la primera frase de los cien libros más importantes de la historia. A lo mejor ahora no os parece un enfoque muy original, pero os aseguro que tenía esa edad en la que todo parece que te lo has inventado tú. Como dice Serrat, hasta los amantes debutantes creen que están inventando el amor.

Me gustan las cartas de presentación, ese momento en el que tienes que pararte a pensar muy bien cómo quieres que reciba el lector el tono de la historia desde el principio. Después, sobre todo si tienes la estructura y a los personajes claros en tu cabeza, llegas a un punto en el que ellos y la propia historia te va llevando de un sitio a otro, como en uno de esos videojuegos con varias pantallas en los que sabes de dónde partes y adónde tienes que llegar. Pero ese momento inicial es como la primera mirada del cortejo, como el traje que eliges para presentarte el primer día en tu nuevo trabajo, como lo primero que le vas a decir a tu hijo recién nacido.

Así, Tolstói decidía teñir la tragedia en una sola línea en su *Ana Karenina*:

> Todas las familias dichosas se parecen, pero las infelices lo son cada una a su manera.

Umberto Eco, en *El nombre de la rosa*, decidía hacer el palimpsesto del que probablemente sea el inicio más reconocible de un libro y, además, le añadió unas gotas de descreimiento sutil.

> En el principio era el Verbo y el Verbo era en Dios, y el Verbo era Dios. Esto era en el principio, en Dios, y el monje fiel debería repetir cada día con salmodiante humildad ese acontecimiento inmutable cuya verdad es la única que puede afirmarse con certeza incontrovertible.

Y Gabriel García Márquez daba, en pocas líneas, con el espíritu de Macondo y, a la vez, con toda la esencia de una nueva literatura:

> Muchos años después, frente al pelotón de fusilamiento, el coronel Aureliano Buendía había de recordar aquella tarde remota en que su padre lo llevó a conocer el hielo.

Pero no sólo de literatura elevada vive mi obsesión por las cartas de presentación. Durante los años anteriores a la llegada de internet, siempre me paraba a leer los anuncios de contactos de los periódicos (ya asumo que esta frase puede ser utilizada en mi contra) porque me parecía que funcionaba con el mismo mecanismo: la necesidad de atraer con una sola frase al lector curioso a las redes de tu universo, de que te compre el producto que estás ofertando que, en este caso, eres tú mismo. Aún guardo en libretas alguno de esos anuncios, como esta invitación clarísima a participar en una orgía hecha con toda la sutileza musical de la que una persona es capaz: «Estamos formando un coro… Mujer, apúntate… No hace falta saber cantar ni solfeo…».

O esta otra, aparecida en ese mismo periódico, que me inundó de ternura y risas a la vez: «Chico de 43 años feúcho busca chica sensible…».

Uno no puede evitar pensar que mejor que la chica no sea sensible a la belleza o este muchacho tiene pocas posibilidades.

Mi nuevo vicio en cuanto a cartas de presentación son las bíos de Twitter, esa frase que se pone en la cabecera de tus redes sociales a modo de declaración de intenciones. Hay, por supuesto, algunas brillantes, pero uno se da cuenta de que la mayoría no lo son. Ni siquiera para una frase que se supone que debe presentarlos, algunos son capaces de sacar el mínimo de originalidad. Y si no, pónganse a contar cuántas de ellas tienen la frase manida de: «No soy raro, soy edición limitada». Curiosamente, este canto a la exclusividad se repite tanto que usarla te convierte en una edición limitada a millones de ejemplares. Todos nos creemos especiales y únicos hasta que el conjunto de unicidades nos convierte en los otros. Por eso sigo buscando el talento detrás de esas frases, porque normalmente no engaña que la persona que está detrás lo tiene igual que en casi todos los libros que han decidido no empezar con «Aquella noche llovía». El talento está en todos lados si se sabe mirar, te lo digo yo, que soy edición limitada.

> Vos sois como el viento, y yo como el león.
> Vos formáis la tempestad. A mí la arena me hiere
> los ojos, y el suelo está requemado. Yo rujo en desafío
> pero vos no me oís. Mas existe, entre nosotros,
> una diferencia: Yo, como el león, debo permanecer
> en mi puesto. Mientras que vos, como el viento,
> nunca sabréis el vuestro.
>
> MULAY AHMED EL-RAISULI,
> en *El viento y el león*

Además de conquistar el terreno del suelo pegajoso del pub, iba comprando tomos de mi enciclopedia. Leía cada uno de arriba abajo mil veces tomando notas de todas las películas que soñaba con ver. Pero también iba conquistando otros territorios, como el de empezar a salir con amigos. Los amigos que tienes en aquella época no son los escogidos son, como con la familia, los que te han tocado en la vida (en este caso en el colegio). A esa edad te vale todo y a ellos les valía hasta yo, y con ellos me iba a hacer cosas tan locas como echar la tarde en un McDonald's y luego morder el vaso de cartón durante horas para poder seguir hablando o pasar las horas en el parque comiendo pipas y jugando a un juego que me inventé: doblar a los perros. Cada uno elegía a uno de los canes que estaban por ahí jugando y le poníamos voz. Cuando lo que decías coincidía con el movimiento que hacía el perro, había grandes risas, de esas que echas de adolescente con la boca abierta y el estruendo máximo.

Una de las cosas que sí podíamos hacer era ir al cine. Empecé a poder ir sin mis padres y con mis *lokis*. Voy a decirlo cuanto antes, aunque supongo que a estas alturas a nadie le sorprenderá: sale mal.

Íbamos al cine a lo que van los adolescentes, a liarla. Para cualquiera, esos momentos de cine y risas con los colegas son un recuerdo maravilloso; para el puto niñato raro, no. Yo, ya a esas alturas y con esos granos, no me divertía. Yo quería ver la película. Estar en una sala se empezaba a convertir en un momento de recogimiento, de sentirme yo solo con la película. Algunos buscan un rato consigo mismos con la meditación, otros escuchando música y otros haciendo deporte; yo lo hacía apagando la vida exterior y dejando que la peli de turno me llevase a un sitio al que, desde luego, no habría podido llegar yo solo. Descubrí que esa sensación se daba independientemente de si la película me había gustado o no, que lo benéfico de estar ahí no lo cambiaba mi interés por ella, sino el hecho de estar un rato allí, dentro de ella, aunque fuera para decidir por qué no me estaba gustando tanto.

Aprendí que, para mí, todas las películas tenían algo; que ningún alimento, por pobre que sea, carece de proteína. Una vez sales más saciado y otras menos, pero siempre hay algo de lo que nutrirse. Con los años sí he podido verbalizar que siempre es un fallo pedirle a una sola película que te explique la vida, porque esta carece de una sola lógica. Por eso las películas son un *collage*: una sola no explica nada y cada una explica alguna cosa. La vida no es un todo, salvo que queramos achicarla; la vida es un cuento contado por un idiota, lleno de ruido y de furia, que no significa nada. (Esta frase es acojonante, puede que la mejor del libro. Subráyala y compártela en tus redes con una foto mía; ni se te ocurra decir que es de Shakespeare).

> Eres un sinvergüenza, estás justificando el caos que es este libro.

> ¿Y si cuela?

> ¿Vas a contar la primera vez que fuiste solo al cine?

La primera vez que decidí ir solo a un cine fue, como tantas cosas de mi vida, por culpa de Steven Spielberg. Pero antes tengo que contaros otro fracaso.

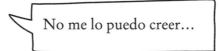

> No me lo puedo creer...

Tengo doce años, soy el alma generosa de Jack. Mis padres y yo habíamos decidido que queríamos ir a ver *La loca historia del mundo,* de Mel Brooks (en casa se veneraba *El jovencito Franken-stein* y se idolatraba *Sillas de montar calientes* que, si la ponían por la tele, implicaba hasta descolgar el teléfono para que nadie nos molestara). La ponían en un cine de mi barrio, de esos de sesión doble, y salimos corriendo porque no llegábamos a verla. Al pedir las entradas, nos dimos cuenta de que habíamos mirado mal los horarios en el *TP* y que la película que empezaba justo en ese momento era la otra del cartel. Estábamos destruidos porque no nos iba a dar tiempo a ver las dos, pero aun así decidimos aprovechar las entradas y entrar a la que estaba a punto de empezar y de la que no teníamos ninguna noticia. La película que marcaba nuestro fracaso a la hora de coordinar horarios y que tendríamos que ver por obligación se llamaba *En busca del arca perdida.*

Enseguida voy a explicaros por qué empecé a ir al cine solo, pero antes quiero contaros, porque viene a cuento, la historia de Juanjo.

Las Navidades de 1982 mis padres decidieron acoger a un niño ruso. Se había puesto de moda, como un acto de caridad, ir a orfanatos para llevarte a tu casa a un huérfano inmigrante y darle así unas Navidades felices en familia. Yo sé que suena al «Siente un pobre a su mesa», de *Plácido,* una mala idea, una visión pervertida de hacer el bien, pero en aquel momento a todo el mundo le parecía una idea preciosa y sanadora.

Juanjo tenía diez años y nos dijeron que su madre soltera lo había abandonado al llegar a España porque decía no poder mantenerlo.

Así que Juanjo llegó, con su medio español y su pelo rubio casi albino, el día de la lotería al hogar de los González-Campos para ser uno de ellos durante quince días. En G-C Manor le dimos todo lo posible, le enseñamos los villancicos, le dejamos poner la bola de arriba del árbol, y mi hermana y yo escribimos una carta a los Reyes pidiendo para él el mismo número de regalos que para nosotros. Juanjo jugó, rio, comió langostinos, disfrutó, y nosotros con él, de unas Navidades inolvidables. Un día fuimos los cinco al cine a ver *E. T.* Y Juanjo lloró como lloré yo, como llora cualquiera viendo *E. T.*, pero distinto. Recuerdo mirar de reojo a su butaca y percibir, sin entenderlo muy bien, un tipo de llanto más desgarrador, más triste, más interno que el que yo podía sentir por ver a E. T. muerto en el río como un pescado seco.

El día después de que sus majestades llenaran el árbol de regalos para Juanjo, llegó el momento de devolverlo al orfanato. Entonces fui yo el que lloró con esa desolación que sintió él en el cine. Fuimos los cinco en el coche a la puerta del orfanato, en silencio, rotos. Mi padre pensaba hablar con ellos para que le pidieran a la madre que nos dejase quedarnos con Juanjo para siempre y todos estábamos de acuerdo; era mi hermano, era familia. Tuve que quedarme en el coche esperando, porque sabía que no podría soportar despedirme de él dentro. Los veinte minutos en el coche, esperando a que mis padres salieran con Juanjo de la mano, son de esos momentos en los que podría ubicar la angustia si la angustia tuviera un lugar.

Mis padres salieron muy serios, con mi hermana en brazos y sin Juanjo. Entraron en el coche. Hubo un silencio. Mi madre dijo:

—Queríamos hacer algo bien y hemos hecho algo terrible.

Mi padre arrancó y nos fuimos.

Nunca volví a verle. En el orfanato les dijeron que era mejor que el niño nos olvidase en cuanto fuera posible.

Perdona, Juanjo.

El ser humano es bueno por naturaleza,
es la sociedad quien lo corrompe.

Jean-Jaques Rousseau

Un niño de doce años entra al metro en Madrid. Llega tarde adondequiera que vaya, ha ido corriendo hasta allí y, nada más cruzar el torno, escucha la llegada del tren que tiene que coger sí o sí si quiere llegar a tiempo a ese lugar que no recuerdo.

El niño es un buen tipo, incapaz de hacerle daño a una mosca, aunque alguna vez ha jugado a la crueldad de arrancarle las alas con un primo suyo más espabilado que le arrastraba al mal. Pero es básicamente un buen tipo, estudia lo necesario, trata de ayudar a sus padres y en clase nunca se pelea ni es de los que el profe pone delante para tenerlo controlado. No va con los que fuman, no roba en el súper, aunque alguna vez sus compañeros malotes han intentado que lo haga, no hace pellas y ayuda a las vecinas con la compra si las encuentra en el portal. Un buen chaval, la verdad.

El niño baja corriendo las escaleras en un desesperado intento de llegar al tren a tiempo, oye cómo se abren las puertas y un vaho de gente inunda las escaleras de subida. Le quedan dos tramos. Pero el niño, el buen chaval, es bueno pero torpe y no mide bien la distancia de un escalón y tropieza.

El niño pierde el equilibrio y, durante unos segundos, queda en el aire a punto de caer de bruces y recorrer, quién sabe si con la boca, los dos tramos de escaleras que le separan de la verticalidad. Está a la distancia suficiente para pegarse una hostia fina, peligrosa, dolorosa. Y ahí le dejamos suspendido en el aire, como el Coyote de los dibujos animados, para que os cuente otra historia que se iba desarrollando en paralelo.

Doña María había logrado llegar a los ochenta y dos años bastante bien. Su cuerpo aún le permitía, con la suficiente cautela, desplazarse y hasta coger el metro para ir a casa de su hija a ver a sus nietas. Sólo necesita tomarse con calma la bajada al andén, la vista ya no le responde y cada escalón de bajada es un salto al vacío que debe realizar agarrada al pasamanos y tanteando en el abismo hasta encontrar la firmeza del escalón. Nada ni nadie le iba a despistar de su descenso, ni siquiera esos pasos de niño corriendo que escuchaba a su espalda mientras el metro vomitaba personas.

El buen niño está a punto de pegarse el morrazo de su vida, sus brazos aletean tratando de encontrar un asidero que le devuelva el equilibrio para evitarlo. Es un movimiento inconsciente, de supervivencia, y lo único que encuentra estable es el cuerpo de doña María bajando las escaleras como una tortuga. Si hubiera tenido tiempo de pensar, si hubiera sido capaz de superar su instinto de salvarse, jamás habría tirado de una anciana hasta casi hacerla caer. Pero el niño bueno sólo estaba tratando de no romperse la crisma, así que se agarró al cuerpo de la anciana. Consiguió no caerse, pero hizo que ella sí acabase sentada en el escalón. El niño bueno había empujado a una anciana para salvar su culo y ahora ella se quejaba justo de eso, de que le dolía el culo.

No pasó nada más. El niño bueno no ha olvidado que, por muy bueno que se sea, el ser humano lleva en el interior un mecanismo cruel de autoprotección que no respeta a nadie, ni a ancianas de culo amoratado. Ese día, Rousseau, Tarzán y, por supuesto Ka-Zar, pasaron a ser utopías en lugar de referentes. Así los leo ahora, como esos buenos salvajes que nosotros jamás podremos ser.

Yo soy dos y estoy en cada uno
de los dos por completo.

San Agustín

Desde luego, no sabría que esta frase es de san Agustín si no fuera porque Aute la recita en su disco en directo *Entre amigos* antes de cantar «Queda la música». Aute decía que esta frase era la prueba de que san Agustín estaba completamente esquizofrénico. Y yo, ya ves, con mis veinte años, entendía perfectamente su frase, no por ser muy listo ni espiritualmente superdotado, sino probablemente, porque soy un poco esquizofrénico, o incluso dos pocos.

No sé si lo contaré en otro libro, no sé si lo contaré alguna vez, pero aprendí muy joven a convivir con la enfermedad mental en casa. Ahí supe que todos tenemos, en pequeñas porciones, todas las enfermedades mentales posibles, y que sólo se las trata médicamente cuando se convierten en estables y pertinaces en nuestro comportamiento.

Aprendí, en fin, que todos somos bulímicos un domingo por la tarde en que nos han roto el corazón, paranoicos cuando nos encontramos tres veces al mismo tío sospechoso por el barrio, esquizofrénicos cuando nos empeñamos en que alguien que no nos quiere no se está dando cuenta de que sí, o incluso tenemos el síndrome de Tourette el día en que nos cabreamos desmedidamente por una tontería.

Un día iba en el bus sentado al lado de dos señoras que charlaban amigablemente sobre sus planes de vacaciones:

—Nosotros es que en Gandía ya conocemos a todos los de la urbanización y claro, hacemos unas fiestas y unas cenas tremendas.

—Claro, claro.

—Y luego comemos todos los días en el chiringuito de Manolo, hija, que es que yo voy allí y estoy como una reina.

—Hombre, a ver…

—Luego mi marido se echa la siesta y yo me quedo tan ricamente en el salón viendo la novela.

—Como tiene que ser.

He dicho que hablaban, pero en realidad sólo hablaba una. Era exactamente como en la canción de Sabina «Como te digo una "co"…».

Mientras la charlatana contaba que en Gandía los miércoles ponen mercadillo, la otra, la calladita, sacó el móvil y, para que Charlatana no lo viera, lo giró hacia mí.

Vi como Calladita abría Twitter, buscaba la cuenta de un político importante y, a la vez que contestaba a Charlatana…

—Y que tienen muy buenas ofertas, oye…

… ponía un tuit al político:

—Eres un hijo de puta.

Guardó el móvil en el bolso y siguió complementando a Charlatana.

—Y lo que disfrutarán los críos, ¿no?

Desde siempre, lo que más miedo me ha dado ha estado dentro de mí. Desde que ese niño casi mata a una anciana bajando las escaleras del metro fui consciente de que ser buena persona es un trabajo, algo que debe costarnos, que en nuestro interior hay un peligro llamado «instinto de supervivencia» que siempre elegirá a nuestro favor y en contra de los demás, y otro aún más poderoso llamado pereza que nos arrastra a no pensar, a dejarnos llevar, a aceptar las cosas como vienen, a ser primario incluso aunque sea malo para uno mismo.

Paro un poco para hablar de la bondad. Es uno de los valores que se han ido convirtiendo en lo que más busco en la gente que me rodea y, por supuesto, en mí. Con esto no digo que el mundo esté lleno de malas personas y, de hecho, creo que no es así. No me he encontrado a mucha gente mala en la vida; me he encontrado más a gente que no quiere las mismas cosas que yo, pero que trata de conseguirlas con la mejor intención, con la convicción de que es lo que necesita el mundo para ser mejor. Malos de verdad, creo, hay pocos, por eso son tan atractivos en la ficción, porque la maldad pura se da en pocas ocasiones y resulta siempre sorprendente y aterradora. He hecho una lista de villanos que me fascinan, creo que porque, a todos, los comprendo un poco.

LISTA DE VILLANOS

- Dr. Hannibal Lecter
- Medea
- Louis Cypher
- Yago
- Heathcliff
- Norman Bates
- Darth Vader
- Patrick Bateman
- Enfermera Ratched
- Long John Silver
- Henry F. Potter, *Qué bello es vivir* (1946)
- Phyllis Dietrichson
- La Reina (*Blancanieves y los siete enanitos*, 1937)
- Michael Corleone
- Kurtz

- Alex DeLarge
- Amon Goeth
- Noah Cross
- Lady Macbeth
- Annie Wilkes
- Cthulhu
- Capitán Bligh
- Mrs. John Iselin
- Eve Harrington
- Gordon Gekko
- Cody Jarrett
- Moriarty
- Sauron
- Max Cady
- Reverendo Harry Powell
- Mrs. Danvers
- Dr. Szell
- Humbert Humbert
- Frank Boot
- Harry Lime
- Caesar Enrico Bandello
- Cruella De Vil
- Dolores Umbridge
- Joan Crawford
- Presidente Snow
- Javert
- Thanos
- Jean Baptiste Grenouille
- Tom Ripley
- Tom Powers
- Baby Jane Hudson
- The Joker
- Hans Gruber
- Tony Camonte
- Verbal Kint
- Alonzo Harris

Pero creo que la mayoría de la gente es buena. Parece que no por lo que vemos en las redes, pero esa gente está, simplemente, desfogando odio para no tener que hacerlo en su entorno. En una ocasión leí un cómic que me hablaba de la bondad y la maldad como nadie lo había hecho nunca. Se llamaba *La broma asesina*. Ya he dicho que, para mí, una obra de arte es esa en que, al salir de ella, te ha transformado para bien o para mal, te ha dado una visión del mundo que no tenías, te ha abierto la cabeza, te ha hecho, en definitiva, algo más sabio.

Yo era un poco más sabio el día que cerré las páginas del tomito de Zinco de *La broma asesina* que había caído en mis manos.

Había entendido lo cerca que estamos todos de estar locos. Que todos somos dos personas.

Una es la heroica, la que pretende mejorar nuestro mundo, la que persigue ser mejor en lo que haces, amar a los tuyos, esforzarte, luchar. La persona que día a día enseñamos, la que vive con la intención de ser bueno, generoso y honesto… *I'm Batman*.

La otra es la oscura, la que somos a pesar de nosotros mismos, la que nos hace reírnos con una mueca cruel si alguien se cae en la calle, la que nos lleva a alegrarnos del fracaso ajeno. El instinto de supervivencia que nos obliga a pensar primero en nosotros y luego en los demás… El maldito Joker.

Si nunca has leído un cómic de Batman, mi recomendación es que empieces por *La broma asesina*.

Olvida todo lo que crees que sabes de los cómics basándote en lo que leíste en tu infancia, cuando eran cosas divertidas para echarte unas risas, y léelo como lo que es: una de las obras más profundas sobre los límites de la locura que se han hecho nunca.

Cada viñeta es un cuadro de Munch, cada diálogo podría firmarlo Hannibal Lecter. Verás lo aterradoramente cerca que están Batman y el Joker, igual de cerca que estás tú de ese tú capaz de los hechos más crueles.

La broma asesina te mete en un ascensor y te baja a visitar al diablo que llevas dentro. El que podría poseerte si, de repente un día, todo fuera mal.

La diferencia entre un hombre cuerdo y un loco es sólo un día malo.

Este cómic te enseña lo que podrías ser si, de repente, dejaras de poder dominar a ese hijo de puta que llevas contigo. Terrorífico, ¿verdad?

Te noto serio. Venga, si es sólo un cómic, los cómics son para la risa.

«¿Por qué no te ríes?».

Soy muy consciente de ese otro yo, el peor, y lo vais a conocer al final de este libro. Por eso sobre mi cama hay una figura de Homer vestido de angelito en un lado y otra de diablo al otro. Me fascinaba siempre esa escena cuando aparecía en los dibujos animados del Pato Donald. La dualidad convierte a la bondad en algo realmente meritorio, en algo que requiere trabajo para llegar a ella. Y por eso también me han fascinado siempre las obras que hablan de esas dos caras que llevamos por debajo de la nuestra.

EL OTRO EN LISTA

- «Man in the Mirror», de Michael Jackson
- *El Club de la Lucha*
- *El corazón del ángel*
- *A pleno sol*
- «Me and My Monkey», de Robbie Williams (aunque Chandler tenía la teoría de que el mono era el pene de Robbie)
- Jekyll y Hyde y su hijo bastardo Hulk
- «Corre, dijo la tortuga», de Joaquín Sabina
- «Me and My Shadow», de Sinatra y Sammy Davis Jr.
- «The Other Me», de Paul McCartney

Siempre he dependido de la bondad de los extraños (ya habéis conocido a Procopio o a Juan Herrera), pero a medida que mi vida avanza, tener a gente buena alrededor se va convirtiendo en una prioridad. Es como una de esas cintas de las fábricas que selecciona las naranjas por tamaños según van avanzando. Van cayendo aquellas personas que no están sanas, luego las que no comparten contigo determinadas pasiones, después las que tienen otros destinos. A estas alturas de mi vida, puedo decir que sólo la buena gente se queda en mi cinta. He ido descubriendo que la bondad es transversal, como la idiotez. Hay gente idiota en tu ideología política y en la mía, hay gente buena en ambos sitios también. Así que ya no es que piensen como yo, es que me hagan sentir bien y me hagan reír sano. Puedo decir que tengo a mi alrededor a las mejores personas del mundo, los demás se han ido cayendo de la cinta y está bien así, no nos hacíamos bien entre nosotros.

Me estoy poniendo ñoño y me parece un buen momento para hablar del amor. Quiero advertir, eso sí, que va a escribir sobre el amor alguien a quien una de las canciones que más le han emocionado la canta una rana de trapo en un lago.

Como decía Marcuse en su ensayo homónimo,
los humanos no habrían creado una civilización si
no reprimieran sus impulsos eróticos. Algo de eso
debe haber: fijaos como el bonobo, que es uno
de los primates superiores y no se corta un pelo
en cuanto a esos impulsos, parece que no se cansa
nunca de desmadrarse. Animal sin mayores conflictos
de grupo: ¡vive tan feliz! Pero ¿qué civilización
ha creado? Nada, nada de nada. En cambio, si uno
de nosotros sale a la calle y atisba un claro objeto de
deseo, no se abalanza sobre tal persona, y la mira
de reojo solamente. Inmediatamente, en la misma
acera, florece un cajero automático.

JAVIER KRAHE

Si ya he defendido lo importante que es cuándo y cómo aprendes las cosas por primera vez, creo que entenderéis mi vida sentimental si os cuento cómo fue mi primer beso.

La primera chica que me besó se llamaba Marisol. Marisol era, como todas las chicas, un rayo verde, como los de Verne. Yo estaba en un colegio sin chicas (sí, la fábrica de desestabilizadores emocionales y sexuales más enorme que he conocido). Cerca de mi centro había dos colegios de chicas y a veces, como quien ve unas perseidas, coincidía que yendo o saliendo del colegio me cruzaba con un grupo de ellas a las que miraba subiéndome las gafas, como mira Ellie Sadler desde la camioneta el paso de los brontosaurios.

Las chicas eran animales mitológicos, como los grifos; y, como los trenes, pasaban por delante y te daban apenas treinta segundos antes de que doblaran la esquina y se llevaran su mítica carpeta apretada contra el cuerpo y su risa cantarina. Puf, se acabó el tiempo, vuelve con tus machos.

Por supuesto, nada de hablar con ellas. Yo era el tío que estaba en su casa escuchando a Sinatra, qué mierda les iba a decir. Como mucho, del grupo, Fernando (el más jurásico) era capaz de emitir un gruñido para hacer que miraran, cosa que nosotros celebrábamos como si el neandertal hubiera conquistado las Termópilas prescindiendo de los otros 299. Años después, aquel episodio de *Seinfeld* en el que habla de qué pretenden los hombres que tocan el claxon cuando pasa una mujer me hizo pensar en Fernando motorizado. O con una bocina por la calle como Milikito.

En ese grupo de chicas estaba Marisol, que era la que yo, desde la distancia y sin mediar ni media palabra, como cuando en *Calle Mayor* se veían en la misa, había decidido que era, de manera tajante e irreversible, la mujer de mi vida. Aquella con la que, sin la menor sombra de duda, iba a pasar el resto de mis días y a criar unos enternecedores retoños mientras yo arreglaba el tejado de nuestra casa en la pradera.

Y yo me iba a casa y le escribía poemas a Marisol de alto nivel literario, del tipo: «Sobre un mármol mojado escribí su nombre sin meditarlo», «Cada vez que te beso me sabe a poco, cada vez que te tengo me vuelves loco» o «Yo tengo un gozo en el alma» (yo qué sé, iba a un colegio de curas, tenía un fuerte cacao poético en la cabeza). Era bastante traumático buscar temas que me recordaran a ella porque, que yo supiera, no había canciones dedicadas a su nombre y no podía hacer una búsqueda en Spotify por la chorrada de que no lo habían inventado todavía. Así que me veía escuchando lánguidamente el «Corre, corre, caballito» porque, al fin y al cabo, lo cantaba Marisol.

No me preguntéis cómo, porque no lo sé, pero creo que un día los gruñidos de Fernando decidieron darles a las muchachas la sutil pista de que queríamos hablar con ellas, así que se acercaron y… ¡hablamos con ellas! Siempre recordaré la primera frase que intercambié con una mujer en clave de seducción. Yo llevaba en la carpeta una foto de Cary Grant y ella me preguntó:

—¿Has visto *La fiera de mi niña*?

A lo que yo, envalentonado porque había tocado un tema del que sabía y en el que podía lucirme contesté:

—Sí.

Y ya, la chica me miró un rato esperando más, pero no hubo más. Sólo un «Sí». (¡Genio! ¡*Mákina*! ¡Trolebús! ¡*Fucker*!).

El caso es que quedamos después del colegio. Estábamos emocionados. Fernando gruñó como un *wookie* recibiendo una medalla.

Después de clase fuimos al parque. Hicimos un círculo, las chicas en su lado, nosotros en el nuestro. Como en el baile de *West Side Story*, suena un «¡Mambo!» en mi cabeza y, lo siguiente, después de una serie de movimientos tácticos y un reparto parejil por el parque, es que me quedo a solas con Marisol sentado en el final de un tobogán deseando ser capaz de imitar el gruñido de Fernando.

Marisol, creo que consciente de que en el reparto le ha tocado el lerdo, trata de favorecer las cosas. Me pregunta por el colegio, por lo que estudio, por la música que me gusta. Me cuenta que su padre se ha comprado el *Face Value* de Phil Collins y ahí es cuando sale toda la esmerada educación sentimental que yo he recibido, que es ninguna, y pienso que debo decir algo que la epate. A las mujeres se las epata, ¡eso hacemos los hombres!

He de decir que, como en casa nadie nos hablaba de ello y con ellas no hablábamos, nosotros solos nos creábamos el mito del macho que debíamos ser para poder conquistarlas. Y para ello nos basábamos en referentes que veíamos en la tele. En 1981, para un lerdo como yo, el macho conquistador tenía que ser una mezcla entre Lorenzo Lamas de *Falcon Crest*, Ariel Rot de Tequila, Alfredo Landa, Indiana Jones y Pancho de *Verano azul*. ¿Qué podía fallar?

Yo.

Podía fallar yo.

Estresadísimo por epatar a Marisol, decidí ir de alternativo y me puse a cantarle un disco que escuchaba en casa de mi primo: *La Mandrágora*. Concretamente «El burdo rumor»: «No sé tus escalas, por lo tanto eres muy dueña…». En cuanto llegué a la segunda frase, «de ir por ahí diciendo que la tengo muy pequeña», caí en lo que estaba diciendo y me quise morir. Sentí cómo el suelo debajo del tobogán se abría y yo y mi poder de seducción caímos cual Scott Carey camino del microverso.

Siempre he detestado al hombre blandengue y, además, también he podido analizar que la mujer tampoco admite al hombre blandengue… La mujer es muy pícara, valga el sentido de la palabra, porque como bien he dicho en otras ocasiones, yo lo que más valoro en esta vida es la mujer. Sin la mujer, la vida no tendría sentido… Pero la mujer es granujilla y se aprovecha mucho del hombre blandengue. No sé si se aprovecha o se aburre. Y entonces le da capones y todo… El hombre debe de estar en su sitio y la mujer en el suyo, no cabe duda, porque la mujer tiene esos derechos que yo respeto, y más tenía que tener, porque la mujer se lo merece todo… Pero, amigo mío, el hombre no debe nunca de blandear. Debe de estar ahí porque, entre otras cosas, creo que la mujer necesita ese pedazo de tío ahí. Al hombre blandengue

le detesto. Ese hombre de la bolsa de la compra
y el carrito del niño… me parece bien…,
pero ya te digo que la mujer abusa mucho
de la debilidad del hombre.

EL FARY

Debo aclarar que, en el concepto que tenía en ese momento, en la cabeza del Arturo que cantaba en el tobogán, las chicas no tienen humor. Los chicos no lloran y las chicas no ríen. Se ríen entre ellas, de sus cosas de chicas, pero la comedia también era cosa de hombres, o de mujeres que se afeaban y se ridiculizaban para que se les permitiera ser graciosas. Las chicas guapas no. En el mundo en que nací las guapas no hacen comedia; son, eso sí, un grupo más del que hacer chistes. Sobre cómo son, sobre lo mucho que les gustan los vestidos y lo mandonas y gruñonas que se vuelven. Las mujeres son, para ese Arturo, un estereotipo andante sin excepción (quizá con la de Katharine Hepburn, porque alguna había que consentir).

Por eso flipé cuando Marisol, al cantarle sobre el tamaño de mi pene, rompió a reír y se le escapó una carcajada tan grande que hizo que se tapara la boca presionando con la mano sobre la nariz; de repente, su fosa nasal y su mano provocaron que se formara una enorme y redonda pompa de moco. Pop.

La cara de Marisol cambió de repente. Ahora era ella la que se moría de vergüenza. Para ella, imagino, también éramos animales míticos, y hacer un moco-pompa delante de uno de ellos no era, desde luego, lo que los consejeros de una atildada señorita de colegio de monjas le habían recomendado. Sin embargo, a mí eso me voló la cabeza. Me parecía gracioso y tierno a la vez. Tanto que, sin pensarlo, le limpié el resto de moco con la mano y la besé. Marisol me devolvió el beso entre sorpresa y risa, y fueron muchos besos, porque cuando haces pop…

Supongo que habéis visto mejores historias románticas, pero yo, desde *Luna nueva* hasta *Love Actually,* no puedo ver una de esas pelis sin echar de menos que Meg Ryan, antes del beso, haga un moco-pompa.

> Las mujeres están obligadas a ser más habilidosas
> que los hombres. Puedes arruinar tu reputación
> o la vida con unas pocas palabras mal escogidas.
> Por eso tuve que inventarme a mí misma, por medio
> de añagazas en las que nadie había pensado.
> Y he triunfado porque he nacido para dominar
> a tu sexo y vengar el mío.

Las amistades peligrosas

Y no, no voy a contar mi vida amorosa aquí. Sólo quiero decir que he amado y amo cuanto ellas puedan tener de hospitalario, siempre he estado con mujeres maravillosas que me han querido mucho más de lo que merezco; y no, no estoy diciendo esto porque quede bien, sino porque ellas saben que es así. Aún todas me llaman de vez en cuando para ver cómo estoy, y supongo que cuelgan pensando:

—Qué buen tío es, pero de la que me libré.

Soy el fracaso con piernas y pene de lo que el mundo en el que nací esperaba de un varón: no soy fuerte, sino cabezota; dudo de todo, no he conseguido un trabajo estable y prometedor, no he creado una familia, no he plantado árboles y, de los libros que escribo, es mejor no hablar. No sé hacer el abecedario con eructos, no me huelen los pies, no conozco al medio delantero izquierdo de ningún equipo, no puedo colgar una lámpara sin poner en peligro a otras personas, no sé lo que estoy mirando cuando abro el capó de un coche, no me cuelgo de las barras del metro porque me caería, no levanto las manos cuando llega la bajada fuerte de la montaña rusa...

Quizá por eso me fascina la mujer, porque me he sentido siempre más parecido a ellas que a «los míos». Nacer y crecer teniendo que responder a un estereotipo, sentir que decepcionas cada vez que eres tú, ha sido mi día a día y el de muchas de ellas. Si siempre me he sentido un marciano en la Tierra, un Gurb distante de los humanos, no quiero imaginar lo marcianas que deben de sentirse ellas sabiendo que el hecho de tener mocos ya es un factor en contra de la imagen que el mundo pide de ellas desde que les ponen patucos rosas y les agujerean las orejas. He sido, y soy, amigo de mujeres fascinantes y, claro, he conocido a otras menos interesantes. Porque el camino a entender que son personas es el que más me ha costado hacer desde mi herencia de prejuicios. Por supuesto, las hay buenas y malas, pero, el camino que han tenido que hacer ellas las convierte, a mis ojos, en interesantes siempre.

Este párrafo lo escribes por si alguna lo lee y acabas follando, ¿verdad?

Vale, ahora todo el mundo sabe que tú, voz misteriosa, eres un tío.

Un día Marisol me dejó, claro. He hecho muchas veces el chiste de caminar con las manos en los bolsillos escuchando a Los Secretos, pero porque yo lo hice ese día, el de mi primera ruptura amorosa, en la adolescencia, cuando el mundo se recicla y está a punto de empezar y de terminarse cada diez segundos.

El «no» de mi amada me echó a las calles con un walkman y una cinta que me había confeccionado que decía: ROMÁNTICAS ESPAÑOL, pero que podía decir: MÚSICA PARA EL ESCOMBRO.

Paseando mi tristeza llegué a un parque y me senté en un columpio de esos con charco de barro debajo, ignoro si planteándome darme un impulso fuerte hasta matarme del centrifugado. Y, oh, despiadado sino, rompió a llover. Mi alma peliculera no necesitaba más. Pensé en Gene Kelly (aunque a él le iba bien bajo la lluvia y con las chicas, el muy cabrón) y en Humphrey Bogart en la estación de París esperando a Ilsa con la carta de despedida mojada por la lluvia. Pero yo era, en ese momento, la paloma en las manos de Roy Batty y, sorprendentemente, esto me ayudó.

Salí de mí mismo y me vi filmado por Frank Tashlin; ya no era Bogart, era Jerry Lewis cantando «Sobre un vidrio mojado» con voz gangosa. Me hice gracia a mí mismo, me reí de mi patetismo y salté del columpio. Volví a casa cantando como Fred Astaire al principio de *Melodías de Broadway 1955*: «I go my way by myself, this is the end of romance...».

WOODY ALLEN/ALVI SINGER: Ustedes parecen una pareja feliz. ¿Lo son?
MUJER: Sí.
ALLEN: ¿Sí? Bien. Entonces ¿cómo lo explican?
MUJER: Pues... yo soy vacía y superficial, no tengo ideas y nunca tengo nada interesante que decir.
MARIDO: Y a mí me pasa exactamente lo mismo.

Annie Hall

Mi cabeza enferma relaciona cada desamor con un referente. Supongo que es mi forma tramposa de curarme y, ojo, cuando hablo de desamor hablo de decepciones en general, amigos que ya no lo eran, familiares y hasta proyectos que empezaron siendo algo y acabaron no siendo nada.

Puede que parezca un monstruo, pero he aprendido a igualar ese tipo de decepciones y no centrar, como observo que hace alguna gente, el éxito o el fracaso personal en el hecho tan voluble de que una persona te siga queriendo o no. Siempre me ha parecido terrible la frase «Ha tenido un fracaso sentimental», porque no todas las rupturas son un fracaso, me niego a aceptar eso.

Desgraciadamente tenemos demasiados ejemplos de rupturas a tiempo que han sido un éxito y de empeños en mantenerse juntos que han sido el peor, el más mortal de los fracasos.

Lo cierto es que, a pesar de que amo el hecho de enamorarme de mujeres maravillosas, como en *El amante del amor*, de Truffaut, el resultado tozudo es que no debo de parecer buen marido. Siempre ha sido por mi culpa: que si miedo al compromiso, que si demasiados años viviendo solo, que si esa manía de meterme *pa'dentro*. El caso es que ellas, muy inteligentemente, me han ido dejando caer de su carro cuando comprobaban que no era lo que buscaban. Bien hecho, tías.

Por eso me fascinan esas historias en las que el verdadero acto de amor es renunciar a él, como están dispuestos a hacer Humphrey Bogart en *Casablanca* o Cary Grant en *Encadenados* para salvar a Ingrid Bergman. Si cada obra es el resultado de la obra en sí más la persona que la recibe, cada pareja que se forma es una suma de ambas. No es clonable, no puede repetirse, por eso es única, por eso ese compuesto químico dura lo que tenía que durar y da la felicidad que estaba destinada a dar.

En mi cabeza enferma, la parábola de toda relación amorosa emite un sonido que oscila entre «Y el amor», de Serrat; el «Ahora qué», de Sabina; el «Juntos», de Paloma San Basilio; el «Siento que te estoy perdiendo», de Aute y acaba en el «Ojalá», de Silvio Rodríguez y el «19 días y 500 noches». Con un poco de suerte, años después puede haber un rebrote que te haga escuchar el «Esta noche me emborracho», de Gardel. No importa cómo acabe, igual que da lo mismo que un libro no te haya gustado tanto.

¿Vas a contarnos de una vez por qué empezaste a ir al cine solo?

Voy.

Fui a ver *El color púrpura* con mis colegas los ruidosos y unas muchachas. Era de Spielberg, el único nombre de director que conocían hasta los que no sabían nada de cine. Es verdad que el cartel era un poco raro, pero ¿qué podía fallar? ¡Era de Spielberg!

La película empezó y, aparte de una muchacha moviéndose entre flores y unas imágenes de África, no prometía que fueran a aparecer robots o marcianos en ningún lado. Mis amigos empezaron a ponerse nerviosos. Entre la opción de ver las desventuras de una mujer negra maltratada hasta por su marido y ligar con Mariví y Mila, mis amigos lo tenían muy claro, así que todos fueron despegándose de la historia para echarse unas risas y tirarse palomitas mientras yo, en plena multitud y soledad a la vez, trataba de ver qué le pasaba a Woody.

El problema llegó en la escena del «Maybe God is Trying to Tell You Something». Esa canción, esa situación, ese desfile hacia la iglesia me estaba dando unas ganas tremendas de llorar, pero eso habría sido el fin de mi imagen con mis amigos y del poquísimo atractivo que pudiera tener para Mila y Mariví. Así que no lo hice. No lloré con esa escena.

Al día siguiente habíamos quedado los de la pandi con las *pitukis*, y se unía una tal Maripaz. «Tres *pa* tres, el combo perfecto».

Pero yo no fui. Creo que fue la primera vez que mentí a unos amigos para poder estar en otro sitio, luego lo haría muchas veces. Puse la excusa de que tenía deberes o lo que fuera, mentí también a mis padres diciéndoles que me iba con mis amigos y me dirigí de nuevo a la sala donde proyectaban *El color púrpura*. Era un día de primeras veces: primera mentira, primer día solo en una sala y primera vez que repetía película en un cine.

Y allí me quedé, esperando tranquilamente. Tenía la película reciente del día anterior, así que la historia me la sabía. Esperé paciente a que empezasen a sonar los acordes de la canción, a que se empezasen a mezclar los dos coros, el divino y el profano, y a que la hija partiera al encuentro de su padre. Y lloré lo que no había podido llorar el día anterior. Lloré feliz, liberado, sin trabas, sin sentirme acomplejado, sin miedo a tener que explicar por qué una película podía llegarme más hondo que la compañía de ellos.

Vale, ya lo sabéis, soy también un mierda. No lloro mucho en la vida, pero he llorado mucho en el cine. No lloré en los momentos más jodidos y, sin embargo, así por encima, lo he hecho desconsoladamente con muchas películas, canciones, libros…

Empecé a ir al cine solo y eso me permitía ver películas que mis amigos ni se planteaban ir a ver. Era otro tipo de cine. Cuando hablaba de la nostalgia, olvidé decir que tiende a reducir un periodo a lo que nosotros conocimos de él. Por eso, para muchos, el cine de los ochenta son unas cuantas películas y, si pones en Google «cine de los ochenta» probablemente van a salir *Los Goonies*, *Regreso al futuro*, *Karate Kid*, *Batman*…

Pero si sales del frontal del supermercado, si miras en las esquinas, todas estas películas se hicieron allí:

- *El último emperador* (la vi con Richard Attenborough en el asiento de al lado)
- *El imperio del sol*
- *Arde Mississippi*
- *La colmena*
- *El jinete pálido*
- *Tootsie*
- *Las amistades peligrosas*
- *Cyrano de Bergerac*
- *Los santos inocentes*
- *Hechizo de luna*
- *El cartero siempre llama dos veces*
- *Brubaker*
- *Rain Man*
- *El color púrpura*
- *La última tentación de Cristo*
- *Maurice*
- *Mi pie izquierdo*
- *La costa de los mosquitos*
- *La rosa púrpura del Cairo*
- *El honor de los Prizzi*
- *El Lute I y II*

- *El submarino*
- *La caja de música*
- *Desaparecido*
- *El bosque animado*
- *Ran*
- *En el estanque dorado*
- *La decisión de Sophie*
- *Birdy*
- *La historia oficial*
- *Una habitación con vistas*
- *La balada de Narayama*
- *París, Texas*
- *Las cosas del querer*
- *Mujeres al borde de un ataque de nervios*
- *Henry, retrato de un asesino*
- *Volver a empezar*
- *Fuego en el cuerpo*
- *Bird*
- *Zelig*
- *Fanny y Alexander*
- *El viaje a ninguna parte*
- *Enrique V*
- *Esperanza y gloria*
- *El sur*
- *Atlantic City*
- *Mona Lisa*
- *Ojos negros*
- *Pasodoble*
- *Educando a Rita*
- *Silkwood*
- *Agnes de Dios*
- *Gallipolli*
- *Hannah y sus hermanas*
- *Remando al viento*
- *Tasio*
- *La ley del deseo*

- *Silverado*
- *Reencuentro*
- *Cuando el viento sopla*
- *Mi general*
- *El corazón del ángel*
- *Arrebato*
- *El contrato del dibujante*
- *El pico*
- *No hay salida*
- *Calles de fuego*
- *El año del dragón*
- *Un pez llamado Wanda*
- *Toro salvaje*
- *Top Secret*
- *Sacrificio*
- *El cielo sobre Berlín*
- *Akira*
- *Noche de miedo*
- *Nacido el cuatro de julio*
- *¡Están vivos!*
- *Exploradores*
- *La pequeña tienda de los horrores*
- *Amanece, que no es poco*
- *Legend*
- *Greystoke, la leyenda de Tarzán, el rey de los monos*
- *El crack I y II*
- *Impacto*
- *Jo, ¡qué noche!*
- *La guerra de los Rose*
- *Tira a mamá del tren*
- *Mi vecino Totoro*
- *Lady Halcón*
- *Brasil*
- *El muro*
- *Fama*

Mira, Arturo, que yo respeto cómo eres, pero tengo que decírtelo porque soy tu mejor amigo y te quiero. Eres un puto gafapasta.

No eres mi mejor amigo, eres yo mismo hablando en alto como si hubiera alguien más aquí.

Pues eso, que soy tu mejor amigo.

De Madrid a Valdaracete hay 65 kilómetros, menos de una hora en coche y unos tres días cuando mi abuela era pequeña y lo que había eran carretas que llevaban el estraperlo de Madrid al pueblo. Valdaracete era, en la posguerra, un pueblo que medio vivía de olivares y huertas entre fríos paralizantes y calores plúmbeos. Miguel había tenido cuatro hijas. A las tres primeras las llamó Fe, Esperanza y Caridad; cuando nació la cuarta, se había quedado sin virtudes teologales y la llamó, sin ambages, María.

Sólo cuando nació la quinta criatura de la familia, sus plegarias y entrega a Dios fueron recompensadas con el mayor tesoro que, en aquella época, se podía pedir: un varón. Miguel llamó a su hijo Miguelito porque ahí sí que quería algo suyo, no de ninguna divinidad, y dedicó todo su amor paterno a él. Las niñas ya las iría distribuyendo entre la Iglesia, alguna boda sustanciosa y ponerlas a servir en casa de los ricos. Miguel era su objetivo en la vida y su único amor.

Por eso se lo llevaba al campo, a cuidar los olivos de Los Poyatos, un montículo que no se podía recorrer a caballo porque, con moverse el animal, traspasaba la linde. Miguel y Miguelito pasaban los días de verano haciendo las cosas que se hacen en los olivares y que yo, urbanita de mierda, ignoro. Todos los días, todo el día, incluso el día en que todo se quebró.

Hacía un calor de esos que sólo hace en los sitios extremos. Miguelito llevaba una gorra puesta mientras iba al pozo a sacar agua para su padre, un agua casi congelada que rescataba de la lipotimia a Miguel. Entonces, al inclinarse a recoger el cubo, la gorra cayó al agua. El padre la rescató con el palo de varear e hizo que Miguelito se la volviera a poner enseguida, empapada de agua helada. Al parecer, a la cabeza caliente de Miguelito, recibir el impacto helado de la gorra no le sentó bien. Miguelito comenzó a sufrir un fuerte dolor de cabeza. Su padre insistía en que no se quitase la gorra y lo sentó bajo un olivo. Allí dejó de existir Miguelito. Bastante rato antes de que su padre entendiera que no se había quedado dormido.

Miguel no podía asimilar la muerte de su hijo, nunca pudo hacerlo hasta su propia muerte. Pero, aun así, hizo lo correcto, lo que las costumbres, el decoro y la época pedían. Aplicó en casa un luto de cinco años, vistió a sus cuatro hijas y a su mujer de negro y les prohibió salir a la calle durante todo ese tiempo, excepto para ir a misa los domingos bajo su estricta supervisión. Él, por supuesto, salía a trabajar y a ahogar sus penas en la taberna para volver sólo cuando el alcohol había embotado su dolor.

Durante cinco años, cuatro niñas de doce a dieciséis años permanecieron encerradas en casa, con un estricto horario de labores, cocina y rezos. Sin permiso para vivir, para sentir y mucho menos para reír. Escuchando desde ventanas entornadas los pasos de Pepe el Romano paseando a caballo por la noche.

Habían pasado cuatro de esos cinco años cuando una de las hijas comenzó a echar estómago y Miguel descubrió que, milagrosamente, la vida y Pepe el Romano se habían abierto camino. Hubo que anular lutos, avisar a sacristanes y obligar a Pepe a punta de escopeta a cumplir sus deberes y limpiar la virtud barriguda de su hija. Una vez casados, Miguel envió a la pecadora, el niño y San José el Romano en una carreta para Madrid. Nunca conoció a su nieto, nunca volvió a hablar con su hija.

Así fue la vida de mi abuela María, que en Madrid tuvo once hijos de los que le vivieron seis y, cuando una de ellas quedó preñada antes de la boda por otro Pepe el Romano, hizo exactamente lo mismo que su padre y le retiró la palabra para siempre.

Uno asume el mundo que encuentra y yo encontré un mundo profundamente religioso. Ya sabéis el tipo de vida que vivió mi abuela. Mi madre quería ser monja de pequeña, pero en su casa necesitaban mano de obra para subsistir y tuvo que trabajar. A mí me criaron en un ambiente creyente, me apuntaron a un colegio religioso y ahí nacieron mis primeros vínculos. Fui catequista en una parroquia y estudié la Biblia durante años. No esperéis que critique o elogie este hecho, simplemente fue así y no tengo queja de ello. Pero uno es lo que encuentra cuando nace más lo que va aprendiendo con lo que le pasa en la vida. Por eso un día de manera natural, empecé a crearme una doble vida. Por un lado, la del muchacho catequista y creyente; por otro, la del tipo al que el mundo le parecía estrecho y no quería dejar de preguntarse cosas.

Después de mi escapada para ver *El color púrpura* salí a pasear. Me parecía casi mágico estar por ahí solo, sin mi familia, que pensaba que estaba en el cine y sin mis amigos parroquiales, que pensaban que estaba con mi familia. Muy lejos de darme miedo, sentía una tremenda sensación de libertad, como que no tenía que ser nadie delante de nadie. Por primera vez en mi vida no era hijo, no era primo, no era alumno, no era amigo, no era chico-que-quiere-ligar. Recuerdo ese paseo como la primera vez que fui Arturo.

En el Parque Calero, en mi barrio, estaba la mítica Sala Canciller y los heavies se juntaban en los bancos del parque a compartir litronas y risas. Yo me los cruzaba mil veces acompañado de mis compañeros del Perelló, mi colegio, y los miraba con la sensación de estar entre dos mundos absolutamente paralelos. Era imposible mezclarlos: ellos tenían sus chupas, sus pelos y su fama de agresivos peligrosos y a los Leño; nosotros la colonia, los pantalones de pinzas y la música de Duncan Dhu.

El caso es que, poco antes, en casa de otro primo, yo había escuchado el *Rock & Ríos* y me había vuelto loco. Ese disco tenía una fuerza increíble, sonaba con rotundidad y perfección y hablaba todo el rato de la magia del rock. Una de las canciones que más me gustaban era «Maneras de vivir», que sabía que era de Leño. Así que esos heavies del banco me daban pánico, pero me provocaban, a la vez, una fascinación magnética. Tanta que tomé una decisión: fui a la bodega donde ellos compraban las litronas (aún no había tiendas de chinos) y compré una. Me acerqué al banco y les dije:

—¿Si os doy esta litrona me la puedo beber con vosotros?

Y allí estuve. Eran mayores que yo, hablaban raro. Ellos hablaban en macarra y yo en catequista. Pero mi universo creció en esa hora más que en mis dieciséis años anteriores juntos. Como si me hubiera puesto las gafas de *Están vivos*, mi mente se expandió y empecé a ver mundos que estaban a mi lado sin que yo los entendiera; los había tomado como peligrosos simplemente porque no eran mi mundo. Además, estaba la música que sonaba en el «loro» que llevaban. Barón Rojo, Asfalto, Leño, Topo... Eran letras que hablaban de cosas; en ellas podía reconocer muchas de las ideas que tanto me gustaban de ese primer Sabina. Pero además estaban AC/DC, Guns N' Roses, Metallica... Mundos nuevos, sonidos nuevos, filosofías nuevas. Me volví a casa pensando en cómo hacerme con más música de este estilo y prometiéndome comprar una litrona de vez en cuando para volver al parque con ellos.

A mis amigos eclesiales no les contaba estas cosas; no pensé que lo fueran a entender, así que ni lo intenté. Algo que pasó con ellos poco tiempo después me hizo pensar que, por mucho que la vida me hubiera puesto allí, la amistad, como el amor, se basa en mucho más que ocupar el mismo tiempo y lugar cercano.

MARGARET DUMONT/MARTHA PHELS: Temo que,
cuando llevemos algún tiempo casados, una hermosa
joven aparezca en tu vida y te olvides de mí.
GROUCHO/WOLF J. FLYWHEEL: No seas tonta…
Te escribiré dos veces por semana.

Tienda de locos

Tengo ya veinte años, soy el rechinar ansioso de los dientes de
Jack. Acabo de ver en una parada de autobús que muy pronto se
va a estrenar la tercera película de Indiana Jones, *La última cru-
zada,* y no puedo pensar en nada que no sea verla. En el periódico busco el día del estreno y veo que, ese mismo día, uno puede
ir a la taquilla por la mañana para comprarla y asegurarse verla
antes que nadie. Así se hacía antes de internet; si eres joven puede
que no lo supieras. Tengo clarísimo que yo voy a madrugar para
hacer la cola para asegurarme el pase y se lo comento a mis amigos
que, por supuesto, quieren verla también. Encantado me ofrezco
a hacer la cola por todos y apunto en una libretilla los nombres
de cada uno que me las va pidiendo:
   —Dos para Alberto, tres para Sara… veinticuatro en total.
   El día del estreno, el 1 de septiembre y aún de vacaciones, me
planto en los cines Gran Vía a las ocho de la mañana. Lo primero
que compruebo es que hay gente igual de enferma que yo porque,
aunque pocos, ya hay algunos esperando. La taquilla abre a las
once y a las once y cuarto ya tengo mis veinticuatro entradas para
la sesión de las siete. Unas entradas cojonudas, centradas, fila 7,
perfectas para ver a Indy que, al parecer, «ahora viene con su papá».
   Media hora antes, quedo con todos mis amigos en la puerta del
cine para ir repartiendo entradas.
   —Dos para Alberto, tres para Sara… Un momento…
   Había comprado veinticuatro entradas, todos los nombres que
tenía en mi libreta, pero éramos veinticinco. Faltaba un nombre,
el mío.

Mis amigos habían ido entrando según les daba su entrada así que, de repente, estaba en la puerta del cine al que quería ir sin poder ir. Mis amigos Marco y Maripaz, que habían contado las butacas al entrar, fueron los únicos que salieron y me ayudaron a ir preguntando si a alguien de los que estaba en la cola le sobraba alguna entrada. Vi la película en el gallinero, jodido, sintiéndome imbécil, y ni siquiera la disfruté por culpa del tanque. Luego contaré lo del tanque, pero ese día, algo empezó a romperse. Hoy en día, de los veinticuatro, Marco y Maripaz siguen siendo dos de mis mejores amigos. (P. D.: si ya conocías esta historia, dímelo si nos vemos por la calle y te daré un abrazo especial, porque sólo la he contado una vez antes y me dará mucho cariño).

> Cierta vez, mientras andaba con alguno
> de sus discípulos, preguntaron al hermano
> Warren cuál era el sentido de la vida,
> y el hermano Warren respondioles:
> —Te lo diré en tres palabras: yo qué sé.
> ¿Qué nos quiso decir Warren con esto?
>
> LES LUTHIERS, «El sendero de Warren Sánchez»

Seguía viviendo dos vidas, siendo dos Arturos: rock y Jesús. Imaginaos lo que hizo mi mente cuando un día escuché *Jesucristo Superstar*.

Aquella obra, que yo escuchaba en la versión de Camilo Sesto, hizo lo imposible y unió a los dos Arturos. Por un lado, la música incluía momentos tan heavies como los cuarenta latigazos, uno a uno, puntuados por una estruendosa guitarra eléctrica. Por otro lado, contaba una reinterpretación de los últimos días de Jesucristo, repensándolos.

Entendía la polémica que despertó la obra. Judas no era el malo que se frotaba las manos, era alguien que estaba convencido de tener razón para hacer lo que hacía; María Magdalena expresaba su deseo sexual por Jesús de manera bastante explícita e incluso Jesucristo confesaba no querer morir en el huerto de Getsemaní.

Entendí que no estaba mal repensarse las cosas, incluso las más inamovibles, aquellas que me habían enseñado y que no se discutían, sino que simplemente se aceptaban. Y empecé a hacerme preguntas, a no dar por hecho aquello que me habían presentado como tallado en piedra. Y un día ETA mató a Miguel Ángel Blanco.

Yo había vivido esos días de incertidumbre con auténtico dolor, con esperanza en la raza humana, en el bien, en eso que me habían dicho de que alguien cuidaba de nosotros. Pero no pasó nada de eso; pasó que le mataron. Estuve, como tanta gente, en la manifestación de ese día, lleno de rabia y de esa emoción, de la solidaridad, de tanta gente doliente por semejante fracaso de la enseñanza recibida de que la vida es justa. Con la impotencia de que lo único que podíamos hacer era salir juntos a llorarle.

Al salir de allí tenía clase de Biblia; tocaba san Juan, mi evangelista prefe. Al llegar a la clase, les pregunté a todos si habían estado en la manifestación. No habían podido. Uno quería preparar bien la clase, el otro tenía antes un grupo de preconfirmandos, la tercera había hecho la compra… Yo empecé a decirles que creía que todo eso podía esperar, que hoy había que estar allí. El sacerdote me cortó y dijo, sin intención de ser dañino y con la de ser práctico, algo definitivo:

—Si os parece, rezamos un padrenuestro y vamos a lo nuestro.

Y ahí sentí el crac. Supe lo que era lo suyo, pero no lo mío. Y empecé a hacer preguntas. Tantas hice y tanto incordié con ellas en las reuniones con el grupo de Biblia que un día, a la salida, el sacerdote me llevó a un aparte y me pidió que no volviera. No lo hizo con malas formas, lo hizo con mucho cariño.

—Creo que tú, Arturo, has llegado a un sitio donde no está ninguno de los demás y, a partir de aquí, ninguno va a disfrutar ya, ni ellos, ni tú, ni yo.

Salí de la parroquia que había sido mi centro social, mi explicación de la vida, para no volver. Dejé atrás amigos, rutinas y, también, la necesidad de tener ideas fijas.

Algunos sabéis que tuve una parroquia más en mi vida y ahora sabéis que era un homenaje a esta. No sólo no les tengo rencor, sino que les guardo tremendo cariño. Tampoco sería quien soy sin ellos y sin la religión que me enseñaron. Pero de nuevo, hui de las afiliaciones a tótems. Aunque, como todas las ideas, esta tenía cosas maravillosas, una manera de ver la vida desde el bien que he tratado de conservar siempre. Lo cierto es que desanduve el camino en el que había nacido. Llegué al agnosticismo y, con el tiempo y mi desapego de todo menos de dudar, abracé esta religión, basada en suponer por encima de creer. No creer en nada es, desde entonces, mi truco para seguir sorprendiéndome y sorprenderme es mi manera de seguir aprendiendo.

Yo nací en la cara mala,
llevo la marca del lado oscuro.

Pau Donés

Un día, en medio de todo eso, o a lo mejor por eso, desaparecieron dos años.

Había bebido como se bebe, socialmente, cervezas en grupo para ensalzar la amistad y escapar un rato de la realidad. La verdad es que el alcohol no solía tener el mismo efecto en mí que en los demás. Cuando era suficiente, me daba un pico de alegría realmente breve para, inmediatamente, meterme para dentro y volverme oscuro, gruñón, huraño como un borracho de Dickens. Pero aun así bebía, claro que bebía; era muy difícil no hacerlo en un mundo en el que se repiten frases como: «No me fío de la gente que no bebe» o «Venga, no seas vinagre, tómate una copita».

Nunca tomé drogas porque, aunque la presión social sí me hacía beber, nunca me ha gustado perder el control sobre mí mismo, seguramente por el miedo a que mi sombra, mi Venom, mi Hyde, se liberara y provocase uno de los terrores más grandes que arrastraba en aquella época: que existiera la posibilidad de que alguien no me amara. Aunque para ello no pudiera ser yo.

Como digo, bebía de manera ocasional, pero entre que no lo disfrutaba y que no tenía amigos, eran muy pocas las ocasiones para hacerlo. Un día hice un amigo, bien por mí. No era un tipo nítido, tenía demasiadas aristas y un gusto bastante excesivo por el whisky, pero no estaba mi vida para ponerme selectivo. Era alguien a quien no le importaba quedar conmigo, alguien a quien no parecía incomodarle que fuera un puto raro y, básicamente, era buena compañía en el cine: se callaba al empezar la película y hablaba sin parar de lo que había visto después de ella. Suficiente, me valía.

Eso era lo que hacíamos en general: cenar, ir al cine y, a la salida, ocupar una mesa de bar y pedir whiskies sin pensar que hiciera falta un límite mientras hablábamos de cine. Es verdad que él los bebía con soltura y rapidez y eso me arrastraba a hacerlo a mí también, pero no voy a culparle, obviamente. Yo era quien no tenía por qué seguir su ritmo y no lo hacía. Las sesiones acababan de madrugada, cuando un cepillo nos barría los pies para avisarnos de que estaban cerrando el bar. Allí nos despedíamos y yo, que no podía permitirme taxis, me iba, estuviera donde estuviera, caminando a casa con la barbilla pegada al pecho y unos andares de esos que te hacen cruzar de acera si te ves a alguien venir así de frente. Al día siguiente, nueva peli, nueva escoba, nuevo paseo del borracho hasta desmayarme en la cama.

No recuerdo el momento en que decidimos quitarnos las caretas y ahorrarnos la excusa de ver una película para aprovechar ese rato y poder beber más. Pero nuestra amistad estaba basada en eso y, como he dicho, era lo único parecido a un amigo que tenía. Era absurdo disimular.

Empezamos a beber el whisky con agua en vez de con Coca-Cola. Aquello te permitía que el estómago no se hinchase y dejarle más sitio al alcohol. Empezamos, por un motivo parecido, a prescindir de cenar; si acaso una tapa que protegiera al estómago, pero nada que ocupase espacio. Incluso empezamos a prescindir de hablar. Tampoco era eso lo que nos unía, así que, simplemente nos sentábamos el uno frente al otro, bebíamos y, cuando a alguno de los dos la cabeza le hacía el clic necesario, se levantaba y se iba a su casa, hasta mañana.

Y así pasaron dos años. Los que beben de manera ocasional tienen muy complicado entender que beber con constancia, con rutina, con ahínco, te envuelve en una nube permanente que te aleja de la realidad. Incluso cuando no estás bebiendo sientes que el mundo ahí fuera se mueve lento, como Neo en *Matrix*, y distante, completamente remoto. Nada te pertenece y nada te implica. Es, creo, lo que busca el alcohólico: una almohada mullida que lo cubra y lo proteja de un mundo que ha dejado de gustarle y otra en su cerebro que lo proteja de sí mismo.

Un día mi compañero de borracheras me llamó para decirme que había cogido gripe y no podía quedar ese día. Me pareció bien; por primera vez en mucho tiempo me quedaría en casa leyendo tranquilamente, algo que llevaba dos años sin hacer. Así que me tiré en el sofá, cogí *El quinto jinete* y me dispuse a pasar la noche como solía hacer antes de no querer pasar noches. Pero no me concentraba, imposible, así que me puse a escuchar música, otra de esas cosas que siempre me habían gustado… Nada. No había nada en mi cabeza salvo una necesidad. Traté de acostarme y dormir, pero eso tampoco me iba a dejar hacerlo.

Salí a la calle. Era la una de la madrugada. Recorrí el barrio buscando sin buscar, pero sabiendo muy dentro de mí adónde me llevaba mi cuerpo.

Cuando me vi allí, en ese pub decadente y vacío de barrio, cuando olí el alcohol rancio pegado a las paredes, el aroma que queda cuando la fiesta ha terminado para los que han ido allí a disfrutar, no a sobrevivir, cuando noté lo insípido y necesario que era ese whisky que me había tomado de un trago para poder pedir otro cuanto antes, sin la excusa frágil de estar con alguien, bebiendo por beber, por la necesidad de hacerlo para conseguir el clic en la cabeza que me permitiera dormir, me di cuenta de que era un alcohólico.

Un trago solo es demasiado
y cien no son suficientes.

RAY MILLAND, en *Días sin huella*

Ni idea de cómo había pasado. Me morí de miedo, dejé entero el segundo vaso que me estaban poniendo, pagué y volví a casa dando tantas vueltas para ver si me cansaba que empezó a amanecer y a abrir los bares. Fue entonces cuando decidí meterme en casa. Mi cerebro sólo tenía una idea con la que me martilleaba: tómate una o dos, siéntete a gusto y verás qué bien duermes. Conseguí no hacerlo y cuando caí en la cama, al fin había agotado tanto a mi cuerpo que logré dormirme.

Al día siguiente, a las tres de la tarde, me desperté soñando desayunar uno. A toro pasado, sé que debí haber pedido ayuda, ir a un especialista, sé que es lo que hay que hacer, pero estaba tan perdido, tan avergonzado y, honestamente, tan solo, que ni se me ocurría cómo hacerlo. Sólo sabía que no quería depender de una cosa así para vivir. Y lo hice a las bravas.

Saqué todo el alcohol de mi casa y lo tiré. Compré comida suficiente. Descolgué el teléfono que, al fin y al cabo, sólo usaba mi acompañante de bebidas, me metí en la cama y pasé los diez peores días de mi vida entre sudores, demonios, vómito y llanto. Llegué a rascarme tan fuerte los brazos de pura ansiedad que me dolían al moverlos. Tieso en la cama. En silencio. Peleando conmigo mismo cada vez que la necesidad me gritaba que dejase de hacer el gilipollas y me tomase otra copa, que sólo era una, por calmarme.

Diez días después, amanecí sin sentir que, más que dormir, había estado en coma, sin escuchar que el monstruo me gritaba. Sereno por primera vez en dos años, sereno de cuerpo y de mente.

Paseé por la casa como probándome, con cuidado, como paseando alrededor de un león dormido para que no se despertara.

Fui a la cocina, me comí las pocas galletas que me quedaban de la compra y me pareció que se quedaban ahí. Era la primera vez que sentía que, de verdad, comía en mucho tiempo. Me senté en el salón mirando fijamente a la pared, esperando el latigazo, el grito en la oreja para volver a iniciar la lucha. Y no llegó. Se había ido.

Por primera vez en mucho tiempo, fui a la estantería donde tenía los CD y puse uno… Cuando Joan Manuel dijo: «Bienaventurados los que aman, porque tienen a su alcance más del cincuenta por ciento de un gran romance», rompí a llorar, sin pena, como una liberación. Había vuelto a ser capaz de disfrutar de las cosas, de las que curan, de la música.

No he vuelto a beber. Descubrí, más bien confirmé, que debo cuidarme y que aquellas obsesiones con discos, con libros, con saber todo sobre aquello que me gustaba escondía un lado oscuro, un carácter adictivo que igual podía posarse en cosas benignas que peligrosas y destructivas. Por eso no puedo permitirme echar una moneda en una tragaperras o probar una droga; para el tabaco me temo que era tarde. Por eso, por supervivencia, para poder ser yo, mis adicciones, las más sanas, son Las Cosas. Cada vez que todo se ha ido a la mierda he acudido a ellas, al sitio de mi recreo. Al lugar donde soy feliz cada vez que vuelvo. Estos son sólo algunos de esos momentos que, como en *Amélie*, siempre hacen su magia. Jarabitos.

AMÉLIES

- El cencerro de «When I'm Sixty-Four»
- Apretar el bocadillo antes de comerlo
- Que el de al lado se acabe las palomitas antes de que empiece la peli
- Que Fernán me pida mahonesa de la mía
- Acabar un libro y empezar otro la misma noche
- Que te amanezca leyendo
- Salir a andar hasta que la cabeza se apaga
- Hacer un chiste y que se ría Javi

- Pillar homenajes en las pelis
- Cuando en la radio suena la canción exacta
- Ver el guateque con mi padre
- Comer kikos con palillos
- Una partida de Catán
- Acariciar el bambú
- Quitarle el plástico a un disco
- Regar mi pruno
- Conducir cantando
- Cenar poke
- Salir de casa con maleta
- Ver al Coyote y al Correcaminos con mi madre
- Ver *Cantando bajo la lluvia* con mi hermana
- Cantar Extremoduro con Nachete
- Saber cómo se escribe Schrödinger
- Poner mis discos de Cadillac
- Los lobos de Tex Avery
- Reírme follando
- Harpo sacando cosas del bolsillo
- Cualquier viñeta de *Superman vs. The Amazing Spider-man*
- Apagar el móvil antes de la película
- Tomarme un café cortado en taza y un vaso de agua
- El puente en «Sir Duke»
- Los días en que no tengo que afeitarme
- Anotar en un libro
- Pelar un puñado de pipas para luego metérmelas todas juntas en la boca
- Desayunar con Jon
- Que Dani y yo nos completemos un chiste
- Kirk Douglas saltando entre los remos en *Los vikingos*
- Los comienzos de las canciones de Manhattan Transfer
- El «By Myself», de *Melodías de Broadway 1955*
- Risas con Marta y Marcos
- El paseo después de salir de un concierto
- Que alguien toque la guitarra para mí

- La risa de Babs, Marco y Javi
- Que las bravas piquen de verdad
- Fran y Dean bromeando mientras cantan
- Comer con alguien que disfrute de comer
- Que Alberto e Inma me llamen con el sin manos
- Un aplauso espontáneo
- Un poleo por la tarde
- Retuitear a mis amigos cuando triunfan con sus cosas
- Flotar en una piscina al sol hasta que se me seque la cara
- La pausa antes de gritar su séptimo «Gold» (Spandau Ballet)
- Ariel Rot cantando «Como la cigarra»
- Hablar con Juan tres veces al día
- La música de *Seinfeld*
- Añadir una canción nueva a mi lista de EXF de Spotify
- El cojín de Marvin el Marciano en casa de Joey en *Friends*
- «¿Y quién le sujeta a usted?»
- Los libros de arte de películas
- El copazo después del cine para hablar de la peli
- Que Lisi se ría mientras nos graba el programa
- El partido de fútbol de *La bruja novata*
- Ver a Rodrigo disfrutar de una cena
- «A Piece of Sky» de *Yentl*
- Darle la vuelta al vinilo
- Los arroces con Carlos
- Kiko Veneno diciendo «caldito»
- La nuca de Cary Grant
- Una tarde en Puertalsol
- Los Beatles huyendo de sus fans en *A Hard Day's Night*
- Irme a dormir en paz conmigo

Molaría que acabara así la peli, ¿no? El buen chico que ha equivocado su camino es premiado por su sufrimiento al decidir escapar de la adicción que lo aprisiona y, tras salir de ella, llora en silencio escuchando una canción de Serrat. Pero la vida no es una película y mucho menos, ya lo dijimos, un musical.

Aún estaba la soledad, la sensación de no pertenecer a ningún sitio. La vida está pensada para quienes entran dentro de lo que llamamos «normal». Lo sabes la primera Navidad en que te falta alguien importante. La Nochebuena es perfecta si están los tuyos, si tienes familia, pareja, hijos… La Navidad es una trampa dolorosa cuando algo de eso falla y, entonces, la celebras con un puñal en el corazón porque hay que celebrarla, porque es lo normal. La vida está pensada para los normales. Tengo un amigo que tiene un número de zapato distinto para cada pie. En uno tiene un 39 y en el otro un 43. Sólo puede hacer dos cosas: comprarse dos pares de zapatos y tirar el par desparejado que no puede usar o (lo que hace) robar dos muestras de números distintos cuando nadie mira.

Yo no era normal, eso estaba claro, y aún no había aprendido las virtudes de no serlo. Sólo sentía que la vida, tal y como estaba diseñada, no paraba de decirme que sobraba.

Al menos tenía Las Cosas, seguía amarrado a ellas: a la música, a las películas, a leer, a la radio.

Un día en que paseaba mi pena por la calle, escuché a Luis del Olmo anunciando un Máster de Radio en el que pretendían formar a los profesionales del futuro. Daban una dirección donde podría recogerse la solicitud. Yo no sabía que, en ese momento, me quedaban tres meses para mi tercera muerte así que, sin nada que perder, me metí en la primera estación de metro que encontré y tiré hacia allí…

¿FIN?

Epílogo

Encuentra algo que amas y déjalo que te mate.

CHARLES BUKOWSKI

Madrid, 6 de febrero de 2022

Es mi cincuenta y tres cumpleaños, soy la yema del dedo de Jack y estoy metido en casa acabando el libro. Mi editor, el chileno loco, estará en su casa tirándose de los pelos para no llamarme. Las imprentas, los distribuidores, los libreros, un montón de gente esperan que yo entregue de una vez el puto libro para ponerse a hacer su trabajo, así que yo he aplazado cualquier celebración para, por fin, acabar este desatino.

Un día, en mi infancia, descubrí el truco de las madres para tener razón. Se basaba en la insistencia. Mi madre, cada vez que yo me colgaba de una barandilla que había camino del colegio me decía:

—Un día te vas a matar con esa tontería.

Lo repitió con una constancia envidiable durante años, cada día, cada voltereta que yo daba. Hasta que tuvo razón.

La barandilla era de hierro. Aquel día había llovido y yo vi cómo mis esperanzas de ser el nuevo Nadia Comăneci acaban con un labio partido y mi madre frotando mis manitas llenas de barro con un pañuelo mientras decía: «¿Ves? Si ya te lo decía yo».

He descubierto que es el truco para acabar teniendo razón cuando tenerla te importa mucho. En el fondo es lo que hacen los futurólogos, los columnistas y hasta los políticos. Repetir predicciones terribles una y otra vez obviando cuando fallan y esperando el momento en que acierten para poder decir el bendito: «Si ya te lo decía yo».

A mi madre le sentaban fatal los torreznos. Siempre que los comía se atragantaba con la corteza, se le iba por otro lado y tosía hasta ponerse roja mientras yo le daba palmadas en la espalda y, rencoroso, le gritaba:

—Un día te vas a matar con esa tontería.

Pero le encantaban, era un amor más grande que ella misma, así que seguía comiéndolos y tosiéndolos.

Cierto día, en uno de los consiguientes ataques de tos postorrezno, mi madre empezó a decir que le dolía mucho la cabeza. Una ambulancia vino a por ella y, cuando llegamos al hospital, nos dijeron que, con la tos, una vena le había estallado en el cerebro y estaba clínicamente muerta. Una semana después, la enterrábamos en el pueblo en el que mi abuela empezó a recopilar sus cajitas. El éxito de mi frase fue enorme y un fracaso en todo lo demás. Cada puto día de mi vida daría lo que fuera por no haber tenido razón. Todavía, en mi familia, cuando uno está molestando a los demás, le ofrecemos un torrezno para que pille la indirecta.

Tengo cincuenta y tres años recién cumplidos. Cada noche me invento, ya no cierro los bares, tan joven y tan viejo, *like a rolling stone*. Para terminar este libro, pongo de fondo una de las canciones más importantes de mi vida. Pienso muy en serio que a lo mejor estoy escribiendo las últimas líneas de mi penúltimo fracaso. Y pienso también que eso será bueno, porque supondrá que, a pesar de la pila de años que voy acumulando, sigo aprendiendo, sigo haciendo cosas, sigo siendo feliz con las cosas que hacen los demás. Si os gusta este libro (me encantará que os guste), escribiré otro. Si no os gusta, probablemente tendréis razón. En cualquiera de los dos posibles mundos, este libro quedará en mis cajitas de cosas que me hacen feliz. Y, para cuando eso se sepa, yo ya estaré haciendo otras cosas, porque eso es, sin mucho más, lo que soy: alguien que hace cosas.

Still crazy after all these years.

Gracias, señor Koreander.

DAMERO BENDITO

VM		TGS	SS	SRR	SM	SGG
SF/EM	SALV	RS	RMG	RL	RG	
	RCG	PO	PMB	PG-BM	PD	PAR
NGG-C	MPAC	MNF		MMF	MMC	MM/MR
MM/L	MM		MJEDLM	MGG/ZH	MGDV	MFV
MCM	MCJ	M G-J	LPC		LP	LO/A
LM	LLL	LH	LGP	JT	JRT	
JRDR		JPDM	JOD	JMC	JJV	JHS
JG-J	DLIP	JF/JD	JCO	JC/AJPG	JIR/KO	J/PHM
	J G-J	IZ	IU	IN	HS	HF
HDM	GMMR		GE	FJFR	FGJ	EZJ
ESF	EOP	EHL	EG/ET		EC	EC
EB	EA/EGA	DRDR	DN	DMP		DMH
CS/B	CP	CHA		CG-C	CCH	CB
BMB		BM	BG/BT	BCC	ASR	ART
APP	AMG	AJ	AGR/B	AG-CG	AF	
ACDO	AC		ABM		AAY	EB/L

A TODOS LOS QUE ESTÁIS: MIL GRACIAS.
A LOS QUE NO ESTÉIS: MIL GRACIAS POR HABER ESTADO.

VM - Delirios, cocidos y guitarras.

TGS - Eres el caballero andante de la comedia, no hay molino que te tumbe, boquerón.

SS - ¡Que no me abraces, puta loca! Pero ¡que no me sueltes, puta loca!

SRR - Tú sí que eres un crack, bigotes.

SM - Mi reina maga prefe.

SGG - Siempre te comiste el huevo frito roto.

SF/EM - Muchas de mis cajas las has llenado de risas tú, gracias.

SALV - Nunca dejes de estar.

RS - ¡Quiero más cómics tuyos, Jack Bauer!

RMG - Llevamos mil años. ¿Podrías parar ya de asombrarme?

RL - Eres del clan de los del talento con corazón.

RG - La vida mola si estás.

RCG - Tranquilo, seguiremos ocultando lo mucho que me enseñas.

PO - Combinamos divertidamente.

PMB - Es poco lo que tienes para lo que te mereces. Por el despegue, las lecciones y las risas…, «te escupo sangre».

PG-BM - La gente que le sonríe a la tormenta es mi superhéroe favorito.

PD - Decir gestor y buena persona no es oxímoron por ti.

PAR - *Buongiorno, principessa.*

NGG-C - Por muchos capítulos de *Mazinger* juntos, enano infame.

MPAC - Las personas tortuga son mis corazas preferidas.

MNF - No me fallas nunca, maño.

MMF - Pues ya llevamos unos cuantos años siendo amigos sin querer, ¿no? Lo mismo lo somos.

MMC - ¡Vamos, Dolly, que eres la condesa de Montecristo!

MM/MR - Gracias a ti lloro cuando escucho el himno de Gambia.

MM/L - Con escaleras sigue siendo tu escuela, pero no dejes de enseñar.

MM - No hay Javata como tú.

MJEDLM - Nos unen las cosas que nos llegan a la oreja y las ganas de hacer cosas. Te admiro y te envidio a la vez por lo del talento.

MGG/ZH - Hay trenes que dan vueltas toda la vida en tu tripa.

MGDV - La vida contigo sí que es vida, cape. Gracias por no soltarme nunca.

MFV - Como gustéis…

MCM - Cuanta más gracia me haces, más asquito me das.

MCJ - Cada vez que has podido me has regalado tus veranos y tus micrófonos.

M G-J - Un honor conocer al inventor del inglés.

LPC - Hay cajas de galletas que no caducan.

LP - Te recuerdo con sonrisas. Te admiro por tus batallas ganadas. ¡Gracias!

LO/A - Tampoco hace falta ver a alguien muy seguido para tenerle cariño.

LM - «Caballero de gracia» te llaman y, efectivamente, eres así.

LLL - Seguiré guardando el secreto de lo imprescindible que eres.

LH - Tú sabrás, y mientras no sepas: Wii.

LGP - Hay gente que habla y gente que demuestra. Tú tienes el taller de los segundos.

JT - La persona más *quería* que conozco, la que más ama la comedia.

JRT - Fuiste mi jovencito Frankenstein, y yo tu Igor.

JRDR - Hemos reído mucho, llorado mucho… Nos falta lo de follar.

JPDM - Siempre ahí, siempre. Toda la vida. ¿Cómo no vas a estar? Desayunemos.

JOD - Oriuv! Gracias por confiar.

JMC - Sigo, infructuoso, tratando de decepcionarte. Gracias.

JJV - No se puede ser bestia en todo: en aspecto, en comedia y en bondad. ¡Para un poco!

JHS - El hermano pequeño de la belleza.

JG-J - Bendita vida discutiendo contigo.

JF/JD - Disparates murcianos.

JCO - Eres mi personaje favorito de todos los que haces.

JC/AJPG - El día en que te pague lo que te debo te compras Cuenca.

JIR/KO - Me pierdo lo bueno no estando más contigo.

J/PHM - Tienes el ADN de las buenas personas, pero nos lo callamos para que no lo sepas.

J G-J - Cabeza dura, corazón blandito, mezcla bendita.

IZ - Nos dejaste no ser seriotes y crear libres. Eso no se olvida.

IU - Sé cuál es tu rollito: apoyar mucho y callar. ¡Te tengo muy calado, so, honesto!

IN - Shhh, que el otro se cree que voy a tu casa por sus croquetas y no por verte a ti.

HS - Nueva York también eres tú y un volcán.

HF - No le digas a Javi que te quiero más a ti.

HDM - Mítico, egregio, magnánimo, amiguérrimo…

GMMR - ¡Cabritilla voladora y ser humana maravillosa!

GE - Maldito puto loco…

FJFR - ¡Tío, deja de ser brillante y bueno! O, por lo menos, sigue siendo un gordaco.

FGJ - Poca cabeza y mucho corazón, igual que yo, al final teníamos que querernos.

EZJ - ¡Vivan tus costumbres, Mochi!

ESF - Te echo de menos, gordo.

EOP - La binduré.

EHL - Ponerse detrás es de valientes.

EG/ET - Una verdadera Fundación, gracias.

EC - Tenemos que cantar más musicales… Cada uno en su casa.

EC - La Radio de Eugenia.

EB - Vivo entre tus paredes, si eso no es para estar agradecido…

EA/EGA - El jefe de Espinete.

DRDR - Hermanos de pamplina.

DN - Torontoentero.

DMP - Tú no lo sabes, porque eres gilipollas, pero una vez me hiciste una llamada que me salvó de cosas y me demostró que eres amor, gilipollas.

DMH - Tío, es que ese cómic que me regalaste me confirmó que me quieres y te quiero pero que no ha podido ser. Me apetecía que aquí, al menos, conste.

CS/B - Cada risa con su pareja.

CP - Me has dado Supermanes, arroces y risas. Quiero más de todo.

CHA - Te debo cosas, da igual cuándo leas esto.

CG-C - Los títulos se ganan; el tuyo de hermana lo tienes tatuado.

CCH - Si por lo menos no fueras lista…

CB - Espero ser mejor amigo que padrino.

BMB - Abrazas árboles y me dan celos.

BM - Estoy bien, y muchas veces es gracias a ti.

BG/BT - Por Totoro, por Gardner, por ti.

BCC - Tiritiiiiiiii.

ASR - Fuiste la primera persona que me dejó un micrófono y espero que te compensase, tocayo.

ART - Molas más que Jeff Goldblum, que lo sepas.

APP - Gilito y Monchito cuidan de Arturito.

AMG - Tú no te calles, ellas sí.

AJ - No acabamos ni en el manicomio ni en la cárcel, si eso no es amistad…

AGR/B - Si al menos no fueras tan alto, podría insultarte sin razón.

AG-CG - Aún guardo el pijama.

AF - Venciste el concurso a tu futuro, enhorabuena.

ACDO - Cada vez que me dices «amiguito» alucino pepinillos.

AC - Como dijo el sabio: «A guan, a peich», o sea, gracias, Cabrero.

ABM - Yo voy por ahí diciendo que somos amigos, pero pa haserme el shulo.

AAY - Sé lo que llevas haciendo por la comedia toda la vida… Mamporrero.

DLIP - Huelo mucho mejor desde que te conozco. Y eso es precioso.

EB/L - Si estás tú al otro lado, desaparece el cristal de la pecera.

Arturo
González-Campos:
la leyenda tras el mito

El 7 de febrero de 1945 nacía Arturo González-Campos. Desde el primer momento sus padres observaron en él un inusitado talento para el fracaso. Ya desde joven quiso dedicarse al humor y fue elegido el alumno más divertido de 5.º de EGB durante cuatro años seguidos.

Pronto descubrió lo difícil que es vivir como guionista. Cada año la declaración de la renta le salía a suplicar. Cuando comprobó que para triunfar necesitaría talento se vino abajo y tocó fondo, lo que hoy en día se conoce como hacerse podcaster.

Arturo es un hombre hecho a sí mismo y se nota, sobre todo en la calidad de los materiales y en los acabados. Un hombre que se ha hecho a sí mismo sin seguir las instrucciones. Un valiente que no dudó en plantarse ante la sociedad y decir: «Yo no quiero trabajar, yo quiero ser cómico».

Desde 2018 se ha ganado la vida compaginando su lucrativa carrera como tuitero profesional con la escritura de los libros de Juan Gómez-Jurado sin recibir acreditación, algo que tampoco deberíamos echarle en cara porque: «¿Quién querría recibir el mérito de esas novelas?».

Talento, gracia, inteligencia, ingenio y unas dotes excepcionales para la comunicación son sólo algunas de las virtudes que poseen los profesionales que colaboran con él y que demuestran que Arturo tiene su cartilla de vacunación al día, porque no se le ha contagiado ni un poquito.

Humorista, locutor, actor, guionista, escritor... Es rara la profesión que no le venga grande a Arturo González-Campos, y aun así siempre está al pie del cañón, dispuesto a demostrar a sus detractores que el fracaso sólo es otra forma de decir derrota.

@ANDRÉS_TRASADO